明日の障害福祉のために

優生思想を乗り越えて

ぶどう社

浅野史郎 著

畏友、浅野史郎さんについて

佐藤 進

私は浅野史郎さんと同学年なので、二人共七十歳を超えた。この齢になると、誰しも己が歩んできた道に思いを巡らすようになるものらしい。そして、来し方を振り返って見ると、自ら望んだかどうかは別に、これまでの人生のあらゆる経験の一つ一つ、あるいは出会った人々の一人一人に、照らし出されるようにして今の自分というものがあると思う。

だから、浅野さんが、「回顧録」を残しておきたいという思いが本書を上梓するきっかけだという気持ちもよくわかる。しかも、その回顧録は障害福祉と関わって歩んできた道を振り返るものだという。そう聞けば、私もその一人だが、障害福祉分野における居場所や仕事柄の違いを超えて、浅野さんを扇の要にして、交流を重ね友情を築きながら仕事とその思いを分け合ってきた仲間たちがこの本の出版に大きな喜びと期待を寄せるのは至極当然である。

浅野史郎さんは、厚生省のキャリア官僚 → 宮城県知事 → 慶應大学教授という赫々たる経歴を辿りつつも、一貫して障害福祉をライフワークと言い続け、どの時、どの場にあっても決してそれを手放そうとしなかった。私たちは、そんな彼の潔さに深い敬意と共感を覚えてきた。そして、本書に綴られているように、その命題に向き合いながら障害福祉のあり方を問うことは、人の命と尊厳が守られる社会をめざすことに他ならないという思想を確かにした彼を私たちは心から誇りに思っている。

厚生省の役人としての経歴の中でいくつかの伏線はありつつも、浅野さんが本格的にこの仕事に向き合ったのは、北海道庁の福祉課長として派遣された一九八五年であったという。本書で詳しく経緯が紹介されているように、北海道での仕事も素晴らしくチャレンジングなものだった。しかし、私はもちろん、後に浅野さんと盟友、同志関係になる全国に散らばる多くの仲間たちも、未だ「浅野史郎」を知らずにお互いの存在にさえ気づかずにいた。しかし、本省に戻ってしばらく後の一九八七年の初秋に障害福祉課長を命じられ、「時や来たれり」とばかりに一気呵成に走り始めた浅野課長は瞬く間に志を同じくする障害福祉仲間のネットワークの中心になっていった。

わずかに一年九カ月という短い時間ではあったが、浅野課長の獅子奮迅の仕事ぶりは今でも語り草になっている。今日、全国に一万か所近く数えられるようになったグループホームと呼ばれる、障害のある人々が街中の家でふつうに暮らすことを支援する制度を創設したことをはじめ、今では当たり前になっている重度の重複障害を持つ子どもたちが通ってこられる「重症心身障害児通園施設モデル事業」に取り組んだこと、一方、当時「福祉工場」と呼ばれていた知的障害者の就労を支援する施設の基準を改めそれぞれ地域の実情に合わせて小規模のものも設置できるようにした制度改正。さらには、知的な障害だけではなく、それに伴ってしばしば現れる多動、自傷、他害などの重度の行動障害を合併する人たちへの支援を検討する「強度行動障害」研究事業も開始した。このような人たちは、その処遇の困難さ故に施設への入所を拒まれることさえあった時代であった。

こうした浅野さんの一連の取り組みは、それまでの厚生省ではありえない程のスピード感に溢れ、しかも、旧態依然たる制度の壁を的確に突き崩す力強さがあった。時代が昭和から平成に変わろうとしていた一九八〇年代後半は、従来の施設中心の福祉から地域に根差した福祉への転換が模索されていた時でもあった。浅野さんが取り組んだいくつもの制度や事業の創設は、そんな折にふさわしい「時の鐘」であった。

浅野さんが障害福祉課長を去った翌一九九〇年には、社会福祉基礎構造改革（二〇〇〇年）につながる、児童や高齢者を含む福祉関係八法の改正が行われ、地域福祉に関わる法制化が進められた。

このような浅野課長の時代を先駆けるような疾走ぶりは、それぞれの地域でさまざまな壁に阻まれながら、旧弊を打ち破って地域福祉を築こうと苦闘していた者たちを励まさずにはおかなかった。気がつけば浅野さんを中心に全国に広がるネットワークのようなものができつつあった。皆が必ずしもお互いが顔を突き合わせて語り合ったというわけではないのに、浅野さんの役人としての有能さだけではないユーモアに満ちた明るい人柄が、「アサノシロー」というパスワードで人々をつなぎ、共感共鳴させたのであろう。その緩い同志関係は今日に至っても地域福祉を志向する仲間の中に連綿として受け継がれている。

七十歳を過ぎた浅野さんは、今でも大学で「障害福祉論」のゼミを持ち、障害者と共にこの社会で生きる良き市民を育て、そして地域で働きたいと願う障害のある若者の支援をする市民活動にも参加している。今も昔も変わるところがない浅野さんである。

本書が障害福祉、いや広く地域ぐるみの福祉を創り出す仕事の中核を担っている若い世代にも広く読まれることを願っている。

二〇一八年七月　佐藤進

序文

浅野史郎

七十歳の古希を超え、昔の記憶があいまいになりつつある。「障害福祉と私」についての回顧録のようなものを残しておかなければならないという思いに駆られて、書きだした記録である。書き進めているうちに、どうしても今書いておかなければならないことがあることに気がついた。一言でいえば、知的障害者の人権である。知的障害者の人権が守られていない事実を明らかにし、どうしたらその人権を守ることができるのかを考える。これが、この本で読者に伝えたいことの中心課題である。

知的障害者の人権が尊重されていないことへの怒りがある。しかも、人権侵害の事実があるのに、それが人権侵害と一般に認識されていないことへの恐怖がある。なんとかしなければと思いながら、事態を改善できなかった悔いが残る。

知的障害者の人権とは、この世に生まれてきてよかったと実感できる権利のことである

知的障害者は知的な機能に発達の遅れがあっても、自分の意思、自分の意志がないのではない。意思を表現するのがむずかしいだけである。外からは意思がないように見えるので、それに乗じて人権を侵害する行為に及ぶ輩が出てくる。金銭面、身体的、精神的虐待、性的虐待といった悪質な事案が後を絶たない。最悪の例が、十九人の知的障害者の命を奪った津久井やまゆり園事件である。

一方、悪意があるようには見えないが、知的障害者の人権を侵害していることもある。どうせ何もわからないだろうと、周りが勝手にものごとを決めてしまう。これも人権侵害であるが、侵害している本人がそのことに気づいていないのだから、かえって悪質かもしれない。知的障害者を入所施設に入れる前に、本人の意向を訊いていない。「あなたはこの施設に入所したいのか、したくないのか」と訊かないで、施設に収容してしまうのは人権侵害である。

長期にわたり入所している知的障害者の人権はないがしろにされている。入所者が洩らした「(罪もないのに)無期懲役」の声を思い出す。今は昔とは違う。重度の知的障害者にも地域移行の道は用意されている。地域移行への道を探りもしないで知的障害者の入所を継続するのは、明らかに人権侵害である。施設側が入所者に「今日何をしたいか、どこに行きたいか」を訊ねないことが、人権侵害であることに気づいていない。そもそも、施設内では知的障害者が今日何をするか決める自由など初めからないのだ。「入所者は散歩に行きますよ、お買い物にも行きますよ、お祭りにも参加しますよ。うちの施設は自由なんです。地域にも開かれています」と語る施設関係者。施設側が決めたスケジュールにしたがって、入所者は動くだけ。これを入所者の自由とはいわない。そのことにも施設側は気づいていない。入所施設には施設管理が絶対に必要である。入所者の日程は施設側が決める。入所者に対しては各種の規制措置が取られる。

施設職員による知的障害者への虐待は、明らかな人権侵害である。虐待が起こるのは、施設が外部から遮断されており、職員は外の目を気にしないでいいから歯止めがかからないせいである。身体的虐待で傷を負った知的障害者には帰る家がないので、その傷が家族に見とがめられる心配もない。職員研修を徹底すれば虐待がなくなるというものではない。虐待は、入所施設の閉鎖性という構造的要因に起因する事象なので、入所施設がある限り根絶は困難である。なんとかしなければならない。入所施設が十万人を超える知的障害者を抱えている実態は今も変わっていない。

次に、障害児教育の問題について、障害児の人権という観点から考えてみたい。「日本の障害児教育は、知的障害児の人権を守るという点で十分に機能しているのか」という疑問がある。小学校、中学校への入学を前にして、知的障害児に「君は普通学級に行きたいのか、それとも特別支援学校に行きたいのか」

と確認しないで進路を決めてしまうのも人権侵害である。どうせ聞いてもわからないだろうと決めつけてはならない。知的障害児がどのような場で学ぶかについて、知的障害児自身がその選択に関わっているといえるのかどうか。

また、健常児も学校生活において知的障害児のことを知る機会が失われていると、その後の障害児理解につながらないという問題がある。障害児教育に関しては、ほんとうの意味での「共に学ぶ教育」が実現されていないことにとまどいを覚える。共に学ぶ教育は、障害児の人権を尊重する観点からも必要な教育システムである。障害児も健常児も同じ場で共に学ぶことによって、違いがあることも含めてお互いを理解することにつながり、社会に出てからも障害者と健常者との相互理解が進むことになる。

文部科学省は障害児教育に関して、原則分離の姿勢を崩していない。二〇〇七年にそれまでの特殊教育から特別支援教育に転じたが、障害児のみが学ぶ特別支援学校は残っている。地域の学校とは別に、特別支援学校、特別支援学級があること自体が分離教育であることを文科省は認めていない。過去二回にわたり国連の子ども権利条約委員会から分離別学体制を改め、統合教育を進めるよう勧告を受けていた。それに対して文科省は二〇〇八年「交流及び共同学習によって、統合教育が進展している」と報告した。しかし、交流学習とは分離した上で一緒に行う学習のことである。これは統合教育ではない。

統合教育は、国際的にはインクルーシブ教育と呼ばれている。インクルーシブ教育とは何かというと、教育の場で、排除（イクスクルード）ではなく、包括（インクルード）する教育のことである。「排除しない」というのが基本であるから、普通学級での学習についていけない障害児を排除し、特別支援学校に追いやるシステムはインクルーシブ教育とは相容れない。

インクルーシブ教育の根幹となる「包括」とは、「受け容れる」ということである。インクルーシブ教育とは、すべての子どもを受け容れる教育である。インクルーシブ教育の目的を「特別なニーズ教育に関するサラマンカ声明」（一九九四年ＵＮＥＳＣＯ）では次のように述べている。「インクルーシブ志向をもつ通常の学校こそ、差別的態度と戦い、すべての人を喜んで受け入れる地域社会を創り上げ、インクルーシブ社会を築き上げ、万人のための教育を達成する最も効果的な手段であり、さらにそれらは、大多数の子どもたちに効果的な教育を提供し、全教育システムの効率を高め、ついには費用対効果の高いものとする」。インクルーシブ教育は、インクルーシブ社会を創り上げるためには絶対に必要なものであるということが読み取れる。

分離教育の象徴ともいえる特別支援学校、入学前の就学相談では「障害児のためにはいい学校だ」と入学が勧められる。「特別支援学校では、少人数クラスで障害の状態に合わせたきめの細かい教育、支援がなされるし、いじめもない」という解説がある。障害児しかいないところでの教育は、彼らが社会に出た時に役に立つだろうか。生きていくための力になるだろうか。義務教育における教育とは何か、どうあるべきかを考えたら、特別支援学校という特別な場で障害児だけを集めてなされる教育そのものへの疑問が浮かんでくる。分離教育は、障害児の人権という観点から、早急に、徹底的に見直されなければならない。先進国では、分けないインクルーシブ教育が主流なのに、文科省はなぜ原則分離にこだわるのだろう。「一緒がいいなら、なぜ分けた」という障害児の声を真剣に受け止めるべきである。

二〇一六年七月二十六日、津久井やまゆり園で十九人の重度知的障害者の命が奪われた。事件の第一報を聞いた時には、私の中を衝撃が走った。重度知的障害者の入所施設での未明の出来事であること、四十五分間で十九人が殺害され二十七人が重軽傷を負ったことなど、入所施設での前代未聞の大惨事という受け止めだった。のちに、犯人の植松聖が語った殺害理由に「重度障害者は生きている意味がない」という考え方があったことには、さらに大きな衝撃を受けた。植松には優生思想ともいえる独特の障害者観があり、それが彼を犯行に走らせた。

この事件に関して、植松に共感を示す発言がネット上などで多数見られた。「重度障害者は生きている意味がない」という植松の考え方への共感だけでなく、その犯行について「よくやった」と賞賛するものまである。そんな発言を見ると恐ろしさよりも、心が寒くなる思いがする。殺人は最大、最悪の人権侵害である。障害者が「本来あってはならない存在」とみなされるとしたら、それは生産第一主義に毒された思想である。

これから先は、書くのがつらい。「本来あってはならない存在」。そういう存在は、生まれてこないようにするのがいい、それを裏書きしているのが「優生保護法」である。優生保護法第一条には「優生上の見地から不良な子孫の出生を防止すると共に、母性の生命健康を保護することを目的とする」とある。「不良な子孫の出生を防止する」ためには、遺伝性精神病、遺伝性精神薄弱などがあることが確認された者には本人同意のない強制的な優生手術（不妊手術のこと）をすることができる（第四条の趣旨）と定めている。「不良な子孫」というのは、障害者のことである。障害者は生まれてこないほうがいいので、遺伝性精神薄弱の人には不妊手術をして障害児（だけではないのだが）を産めないようにしようというものである。障害者はいらない、障害児を産むなというのは国家の意思であった。国家が優生思想を体現している。これは大変なことである。そんな法律が、一九九七年に優生思想に基づく部分を削除した「母体保護法」に改正されるまで五十年間存続した。

二〇一八年一月三十日、宮城県在住の六十代のＡさんは、強制不妊手術を受けさせられ人権を侵害されたとして、国に謝罪と賠償を求めて仙台地裁に提訴した。Ａさんは一歳の時、口蓋裂の手術で使用した麻酔が原因とされる脳障害を負った。十五歳の時に遺伝性精神薄弱を理由に、本人の同意もないまま、公立病院で卵管を縛る不妊手術を受けさせられた。Ａさんの訴えを契機に、全国各地で同じような被害を受けた人たちから声が上がった。同意のないまま優生手術を受けた人は優生保護法施行期間中、全国で一万六千四百七十五人に上っていることが明らかになった。障害者に対する大変な人権侵害である。

この法律が施行されている間に、優生条項の削除を求める運動を展開したのは、一九九五年に「優生保護法の見直しを求める要望書」を国会に提出した全国精神障害者家族会連合会や「優生思想を問うネットワーク」があるのみである。現に強制不妊手術が行われている時期に、優生保護法見直しの声を上げられなかったのはなぜか。私自身も含めてのことであるが、反省すべきところがある。

知的障害者の人権を守るという観点から見て、今なお解決が迫られている問題は数多くある。自分ができることは限られているが、障害福祉の分野で活躍する新しい世代の人たちに期待しながら、自分としてもできる限りのことはやっていきたい。

二〇一八年七月　浅野史郎

第1部

役人篇

序章　障害福祉と出会う

「生きていく意味はあるのだろうか」

私の人生の前半、大学卒業までの期間だが、障害者のことは何も知らなかった。だから、障害福祉への関心はまったくなかった。大学を卒業して厚生省を志望した時も、漠然と子どものことに興味ありという程度だった。厚生省に入って十六人のキャリア事務官と一緒に新任研修を受けた。いくつか関係施設の見学もある。その一つが、「島田療育園」。全国初の重症心身障害児施設である。

施設の玄関を入ったところに、頭の周りが一メートルもあるような男の子が一人で座っているのに度肝を抜かれた。今思えば、水頭症の子である。案内の女性指導員に「この子はうちで一番障害が軽い子です」と言われてびっくり。園の中に入っていってまたびっくり。障害の子二、三十人が廊下と思しきところでごろごろしている。よだれを垂らし、奇声を上げている子ばかり。生まれて初めてこんな障害児を見た。しかも何十人もいっぺんに。「怖い、気持ち悪い」が最初の印象。この子たちをじっと見ているうちに、「この子たちは何のために生きているのだろう。生きていく意味はあるのだろうか」の疑問が湧いてきた。

指導員の方が我々十六人を前にして語る。「あなたたち、この子らが何もできないと思っているでしょ。だけどこの子らには昨日できなかったことが今日できるということがある。今日できないことを明日できるようにするのが私たちの仕事なんだよ」。生まれて初めて重症心身障害児（以後「重症児」と表記することあり）を見た衝撃が冷めないうちに聞いた言葉。この言葉も強く印象に残った。

一カ月の研修が終わる日に、研修の記録として、一番印象に残ったことを書かされた。私は重症心身障害児との出会いを選択した。「この子たちは何のために生きているのだろうか」という疑問への答はみつからないが、指導員の「昨日できなかったことが今日できる」の言葉がヒントになることは感じていた。その答が出るのはこの時から十五年後、北海道庁で福祉課長をやった時である。

私の人生における障害者との最初の出会いが、重症心身障害児だったことの意味はとても大きい。「障害福祉はかわいそうな障害者を相手にする仕事だ」と考える余地をなくすぐらいの衝撃的な出会いであった。言葉もない、意思もない（と思えた）、動けない、よだれを垂らしてうめくだけの重症児を「かわいそう」というのは適切な言い方ではない。「かわいそう」と言われるのを拒否するほどの圧倒的存在である。

自分では何もできない、何もできないが生きている。ただ生きている。生きていることに意味があるから生きているのではないか。「この子たちにも進歩はある」という指導員の言葉が心に残る。ただ生きているのではない。進歩をしながら生きている。進歩することは生きている意味でもある。進歩を実感できたら、生きていることの喜びにつながる。そんなふうにも思えてきた。

障害福祉の仕事とは

生きる力が最も弱い重症児。生きていても生産に寄与することができないし、その限りでは社会の発展のために寄与することもできない。経済的発展に重きが置かれる社会では、何も貢献できない。だからといって、重症児の命を軽く見る社会は、重症児にとってだけでなく、誰にとっても住みにくい社会となる。反対に、こういう重症児の命を大切にする社会は、誰にとっても住みやすい社会である。

たとえば、重症児を教育の場に置いてみる。教育＝education の educate には、「引き出す」の意味がある。その子の持っている能力を最大限に引き出すのが教育の本質であり、それは今の能力が最も低い子にこそ最も必要とされるものである。教育を「その子を社会に貢献できる人材に創り上げていく営み」と捉えてしまうと、重症児に居場所はなくなるが、「能力を引き出す」と考えると、重症児にこそ教育が必要であり、有用であるということになる。そこから、「教育とは何か」の答が見えてくる。

重症児を社会の中心に置いて考えると、生きるとは何か、幸せとは何か、そして社会とは何か、教育とは何かが見えてくる。重症児の存在を通して障害福祉の仕事を考えてみる。「かわいそうな障害者に何かいいことをしてあげるのが障害福祉の仕事ではない」。

我々の住む社会を誇り高いものにする仕事である、国造りである。私が障害福祉課長の仕事を始めるにあたって、「自分の仕事は国造り」との自負を持ち得たのは、まさに重症児との出会いがあったからである。

行政と障害者の関係

新任研修での重症心身障害児との衝撃的出会いの後、しばらくは仕事の上で障害者との出会いはなかった。だから障害者問題に関心を持つこともなかった。次の出会いは、一九八三年、私が年金局企画課課長補佐として年金大改正に関わり、各種陳情・要望の対応をしている時であった。その当時、障害者、その中でも脳性まひなどの全身性障害者が、自立を求めて所得保障の充実を求める運動を展開していた。これに対して厚生省の中では関係各局横断的な検討を続け、要望になんとか応えようとしていた。

そんな中で、身体障害者の団体は年金局にも車椅子を連ねて何度かやってきた。対応するのは主に私である。要望書を読み上げ、意見を述べる障害者には言語障害があり聞き取りにくい。しかし、じっくり聞くうちに、彼らの論旨が明快であり説得力があることに気がついた。「頭いいんだなあ」と感心した。彼らは車椅子に乗って公共交通機関を使い、全国各地から厚生省庁舎までやってくる。その行動力にも圧倒された。これが十三年ぶりの、障害者との出会いである。彼らの要望は、障害基礎年金の創設という形で実現をみた。その内容を含む「年金改正法案」の成立促進のために、車椅子の障害者が大挙して衆議院本会議の傍聴席にやってくるのを思い浮かべると胸が熱くなる。

障害基礎年金が創設されるまでの過程は、私にとっては行政と障害者の関係という観点からとても大きな意味を持った。単純化して言うと、基礎年金創設は行政と障害者（団体）との合作である。障害者団体は、障害者の自立生活のためには所得保障の充実が必要であるとして、厚生省に陳情・要望を繰り返していた。それに対して、行政側は要望を突っぱねるのではなく、なんとか実現しようという方向で検討を重ねていた。当時の厚生省には、「障害者の自立」という課題に真摯に取り組もうという強い思いがあった。

当たり前の真実

検討チームのトップにいたのは、正木馨審議官であった。正木審議官は、「断る理由は百あるよ、できる理屈を一つでも探しなさい」と私たち検討チームのメンバーにいつも語っていた。行政官をやっていると、ややもすると、行政と行政の相手方は敵味方の関係に見えてしまう。各種団体の要望を受けた時に、「予算がない、法律がない、理屈が立たない、反対する人が多い」などと要望に応えられない理由を百も思いついてしまう。だから、団体には「できません」と応じる。団体としては納得できないから、「なんとかしてくれ」と行政側に食い下がる。行政官によっては、こういう場面で「攻撃されている、責められている」と受け取ってしまうことがある。要望をつきつける相手方が、自分を攻撃する敵に見えてしまうのである。

障害者の所得保障の充実の案件については、これとは正反対であった。課題は難問である。できない理由も多くあった。それでも、障害者団体と同じ方向を目指して、なんとか解決の方策を探ろうという強い思いが行政側にあった。障害者団体は敵ではない、一緒に闘う味方であるということで共闘を組んだ。その結果が障害基礎年金の創設である。

この経験は、私にとって貴重な教訓となった。障害者と行政は敵味方ではない。一緒に闘う仲間である。新しい行政施策を打ち出す際には、障害者側の要望を的確に把握する必要がある。その意味でも、行政側と障害者側とは仲間同士である。考えてみれば、こういったことは、当たり前のことである。その後、障害福祉課長になってからは、この「当たり前の真実」を信じて、突っ走ることになる。

当時は、知的障害者を含む生まれながらの障害者には、無拠出制の障害福祉年金月額二万五千円（障害二級）のみが支給されていた。それが、障害基礎年金の創設により月額五万円（障害二級）、七万五千円（障害一級）となったのである。

障害基礎年金の創設は、障害者にとって大きな意義があった。特に入所施設にいる知的障害者にとっては、障害基礎年金があればグループホームでの生活ができるという希望が持てるようになった。それに加えてちょっとした就労での賃金が入れば、余裕をもって地域生活ができる。入所施設からの地域移行を進める際の強力な武器として、障害基礎年金が果たした意義は大きい。

1章

北海道庁福祉課長時代

1 障害者との初めてのコラボレーション

小山内美智子との出会い

私は一九八五年四月、北海道民生部福祉課長に就任した。キャリアの事務官は一度自治体に出向を命じられる。私は一九七八年に在米日本大使館に三年間出向していたので、地方勤務はないだろうとあきらめていたが、この時期に北海道庁行きを命じられたのでうれしかった。ポストは福祉課長。障害福祉を担当する部署であり、そこで障害基礎年金の創設が北海道の障害者の自立のためにどういった効果をもたらすかを実地に確かめることができると思い、なおのことうれしかった。

北海道に行く前に、厚生省の先輩が「札幌の障害者で小山内美智子という猛者がいるから気をつけろ」と教えてくれた。その小山内美智子さんと会ったのは、私が北海道福祉課長に就任して三カ月経った一九八五年七月のことである。

車椅子に乗った小山内さんが民生部長のところにやってきて「ケア付き住宅を早く実現してください」

と迫る場面に私も同席していた。部長室から出たところで、小山内さんに「担当課長は私だから、まず私のところで話してください」と引き取り、福祉課の席で話を聞くことになった。これが初対面で初対決である。

小山内さんには二人の男性が付き添っていた。彼女は二カ月前に大地君を産んだばかりのところ。脳性まひの女性が、結婚して子どもを産んだことに、まずは驚いていた私。ケア付き住宅についての陳情・要望であるが、しゃべるのはもっぱら小山内さん。言語障害は少しあるが論旨は明快、情熱も感じる。「評判」とは違って常識もある。さらにユーモアもあり、これなら自分と気が合いそうだなと思った。

その時の説明で、ケア付き住宅は重い障害のある人がケアを受けながら地域の中の住宅で自立生活を送るためのものだということはわかった。当時の横路孝弘知事の最初の知事選での公約で、その公約を入れさせたのが小山内さんだということも知った。知事の公約なんだから、一期目が終わる前には実現しなければならない。逆に、ケア付き住宅の予算要求をすれば、知事査定では必ず通るというのも、役人の知恵でわかっていた。

ケア付き住宅を北海道の施策として具体的にどのようなものにしていくのか、私には知恵がなかった。ここは言い出しっぺの小山内さんの知恵を借りるしかない。そこで、私と小山内さん、それに福祉課の担当係長の山本文夫さんを加えたメンバーで勉強会、検討会を始めた。その結果、なんとかケア付き住宅の企画書を書くことができた。道営住宅として建設するのは私のアイディアであったが、ケアのあり方などソフト部分は小山内さんの考えを取り入れた。

公営のケア付き住宅を作る

ハード面で参考にしたのが、八王子市の「東京都八王子自立ホーム」である。ここは、日本初のケア付き住宅として知られていた。私は実際に視察に行ってみた。ＪＲ西八王子駅から歩いて十分ほど、入居者十五人全員が車椅子使用である。私の年金局時代には、彼らはここから電車を乗り継いで霞ヶ関の厚生省まで陳情・要望にやってきた。その彼らと北海道から出てきた私が再会して、ケア付き住宅について教えてもらう。これも不思議な縁だなとの感慨がある。

八王子自立ホームのハード面はすごい。天井に張り巡らされたレールからハンモック（？）が吊り下げられており、それに入居者を乗せてリモコンで移動する。この装置を使って重度の障害の人が一人でトイレに行けるし、入浴もできる。北海道初のケア付き住宅では、こういった装置が必要なほど重度の障害者は当面入居しないので、これは将来の課題かなという感じはした。

ケア付き住宅は福祉課の予算要求の目玉の一つだった。その他に、ノーマライゼーション研究センターの設置、ノーマライゼーション・エリアの設定というのも予算要求の目玉だった。いずれも横路知事の公約なので施策化しなければならない項目である。

総務部長への説明の際には、「浅野課長のところは何でも予算要求してくるな」と軽口を飛ばされた。総務部長は自治省から出向していた秋本敏文氏、自治省では福利課長のポストにあり、年金大改正の時の交渉相手であったのでお互い顔見知りである。だから気軽に軽口を飛ばしたのだろう。結果として、ケア付き住宅をはじめ、その年の予算要求の目玉としていた事業にはすべて予算がついた。

次の関門は北海道議会への説明である。当時の道議会は自民党議員が多数であったが、自民党は横路知事が当選して野党になっていた。横路知事の選挙公約であったケア付き住宅を施策化するのは議会の自民党としては気に入らない。道議会への説明では、ケア付き住宅にいろいろケチをつけられた。ケア付き住宅ではなく、ケチ付き住宅だと我々事務方は自嘲気味に語っていたが、なんとか関門を乗り越えることができた。

続いての関門は、国の建設省であった。ケア付き住宅を公営住宅でやるのだが、公営住宅には入居制限がある。常時の介護を要する障害者は単身では入居できないということが、公営住宅法施行規則で決められている。ケア付き住宅に入居する二組（夫婦）、単身六人の中に、鹿野靖明さんという筋ジストロフィーの人がいた。彼は入居予定者の中で最も障害が重い人だった。建設省に「この鹿野さんでも、かなりのことを自分でできるのです」というデータ（写真）を見せようと決めた。福祉課の若手職員を鹿野さんのところに一泊二日一緒にいるように送り込んだ。生活の様子をカメラで撮るのである。一緒に銭湯で入浴する様子も撮った。

鹿野靖明さんは、ケア付き住宅に入居し、その翌年には結婚した。その後人工呼吸器を装着するほどに障害が重度化した。二〇〇二年に四十二歳で逝去。それまでの壮絶な介護の様子が「こんな夜更けにバナナかよ」（渡辺一史著／北海道新聞社）に描かれている。

その後、私はその写真を持って上京し、霞ヶ関の建設省の公営住宅担当課を訪問した。課長にその写真を見せて、「障害者といってもこういう様子ですから、必要なケアを受ければ一人でも暮らせます」と説得した。課長からは「わかりました」という答をもらった。つけ足しだが、その課長は市川一朗という人で、それから十一年後、私が二期目を目指した宮城県知事選挙で私の対抗馬になった。

予算も通り、いよいよケア付き住宅の入居者を決める段を迎えた。二組（夫婦）と単身六人である。定員の倍以上二十五人と三組から申込書と入居希望理由があった。入居条件に合わないケースを除き十五人＋三組が残った。次は抽選で入居者を決める。公営住宅なので抽選の方式を取らざるを得ない。ガラガラ回す福引抽選機を借りてきて、近くにいた北海道社会福祉協議会のＡさんに回してもらった。しかし、六人・二組の当選者の中には小山内美智子の名前はなかった。

結果を知って、小山内さんは落胆し、そして怒った。「井戸を掘ったものが水を飲めないなんて」と。私も落胆し、そして小山内さんに申し訳ないと思った。謝罪と慰めの長い手紙を小山内さん宛てに送ったが、それでもなかなか小山内さんの気持ちは収まらなかったようだ。私にとっては、北海道庁時代の忘れられない出来事である。

行政と行政対象のコラボレーション

そういった結末ではあったが、ケア付き住宅を施策化するにあたって、小山内美智子さんと協働したことの意義はとても大きい。小山内さんはケア付き住宅の発案者である。ケア付き住宅ができれば、そこに入居することを希望している。私は北海道庁の職員である。行政側でケア付き住宅を施策化することが使命である。ケア付き住宅を作ろうということでは、両者の利害は一致している。

実は、こういう状況というのは珍しい。障害者側は、自分たちの希望することの実現や足らざることの充足を求めて、行政側に陳情・要望を繰り返す。「繰り返す」ということでわかるように、一回の陳情・要望で要求が叶うことはほとんどない。行政側は要求をまずははねつける。行政側としては、要求内容を実現することの困難さがわかっているからである。

小山内さんからのケア付き住宅実現要求の事案では、そうでなかった。行政側の担当課長の私が、小山内さんとの初めての対面で、要求に前向きに対処したのである。何故か。要求内容についての洞察力、理解力が私の場合格別に高かったからと言いたいところだが、そうではない。ケア付き住宅が横路知事の最初の知事選挙の際の公約であることを知っていたからである。この施策には予算がつく、つまりケア付き住宅は実現できると確信が持てた。だからこそ「やろう」と決められたのである。

ケア付き住宅を施策化することは決めたが、どういう中身にするかはその時の私にはまったく見当がつかなかった。そこで、小山内さんの知恵を借りることにした。行政の施策の内容を、行政の対象になっている障害者本人と一緒になって検討するのである。その結果として、ケア付き住宅の成案を得た。

この過程を「行政と行政対象のコラボレーション（共同作業）」と呼ぶとすれば、コラボレーションはうまくいくということを実感した。厚生省の障害福祉課長になって、障害者とのコラボレーションを頻用したが、その出発点はここである。

「行政と障害者が仲良くしてもいいじゃないか」ということを教えてくれたのは小山内美智子さんである。仲良くするということは、行政と障害者がべったりくっつくことではない。お互いのコミュニケーションを密にするということである。問答無用の関係ではなく、問答は有用だよという関係を築くことである。行政官の私と障害者の小山内さんが仲良くしたことによって、ケア付き住宅が実現した。お互いの立場の違いを認めた上で、同じ目標を仲良く目指す。「君は君　我は我也　されど仲よき」（武者小路実篤）、そして「仲よき事は美しき哉」（同）となる。

「札幌いちご会」―小山内美智子―

小山内美智子さんは、北海道でも最も寒いところといってもいい和寒町で一九五三年に生まれた。生まれた時から重度の脳性まひを持っていた。札幌市内の肢体不自由児施設では、非人間的なひどい待遇をされたことが、小山内さんの施設嫌いの始まりだったと私は思っている。一九七七年一月十五日、「札幌いちご会」結成。いちご会は、重度の障害を持っていても地域で自立生活を送るために、障害者自身で道を切り開いていこうと実践をする際の拠点になった。

一九七九年、小山内さんは命がけで寄付金を集めて、そのお金でスウェーデンに一カ月、障害者の生活を見に行った。重度の障害者が自立生活をしている実際の様子を見ることができた。小山内さんには著書が何冊もある。一九九八年、小山内さんは「アンビシャス」という施設を作った。施設というよりは、障害を持った人が自立していくための訓練をしたり、生活をしたりする一大プロジェクトである。設立のためには、三億円もかかったが、そのうちの一億円ほどは小山内さんが講演や本の出版で稼いだお金である。稼いだ額もすごいが、それを全部寄付してしまうという根性はもっとすごい。

「アンビシャス」は作ったが、これを運営していくのは大変な苦労を伴うものだった。施設長を辞めたいという相談を受けたこともあった。結局、小山内さんはアンビシャスの運営から離れて、いちご会の活動に専念することになった。原点回帰ということか。障害者の自立生活支援に力を尽くしているが、ヘルパーが確保できないと困っている。小山内さん自身のヘルパーを確保するのにも苦労している。それでも、底抜けの明るさと強靭な生命力は変わらない。今日も、明るくがんばっている。

北海道の福祉課長になって二カ月後に会って以来三十三年、小山内さんとの交流が続いている。この本に登場する誰よりも長い。私は小山内さんを師匠と呼び、小山内さんは私のことを、時々、ロメオとジュリエットのロメオと呼ぶ。変な関係ではある。プロとして障害福祉の仕事を始めた早い時期から、障害福祉の世界が輝いて見えたのは小山内さんのおかげである。感謝している。

2　入所施設って何？

入所施設の実態

一九八五年四月に、北海道庁民生部福祉課長として障害福祉の仕事を始めたころ、その役職に就いた時、「自分は障害福祉の仕事をプロとして行うのは初めてだな」と思った。行政官として給料をもらって障害福祉の仕事をするプロとしては、どんなことをすればいいのだろう。「障害福祉課長」という名称、「障害福祉」という用語が示しているのは、「障害者のため、障害者の幸せのため」ということではないか。意外と単純明快である。障害者のためになる仕事をすればいい。次に、どんなことが障害者のためになるのか。これはまだわからない。それは、私が障害者のこと、障害者の生活実態、障害者の望むこと、そういったことをまったく知らないからだ。だったら、まず、知ることから始めなければならない。

出発点において、自分は障害者のことを何も知らない、無知蒙昧だと認識していたことがよかった。先入観がないために、知識がすんなりと身につく。わからなかったら知っている人に訊けばいい、新米のうちは何も知らないことは恥ずかしくない。新しい知識が入ってくると、それだけでうれしくなる、やる気が出る。

　知るためには人の話を聞くことが大事だが、それよりまず、現場だろう。現場で人の話を聞くこともある。現場として、まずは精神薄弱者更生施設を視察することにした。感覚としては、視察というより見学である。日を置いて、時間のある時に数カ所行ってみるということにした。

　北海道に来て最初に見た施設でショックを受けた。施設そのものは明るくて立派なのだが、そこに立ち込める雰囲気が暗い。入所者に生気がない。「更生」施設だから、入所者は何か訓練を受けているか、自分で動いていると思っていたが、そこには活動がない。みんなでいるのに、一人ひとりがバラバラ。まとまりがない。時間表を見せてもらったら、自由時間が多い。起床時間、朝食時間、昼食時間、夕食時間、消灯時間は決まっている。その間の時間のほとんどが自由時間である。驚いたのは、入所者は死ぬまでこの施設で生活するということだ。その後、いくつかの施設を見て回ったが、大体が同じようなものであった。

　それまでの人生で、大の大人が何十人もの集団で一緒に生活する場面を見たことがなかった。一緒に仕事をするのでもなく、一緒に運動をするのでもない。病気で入院しているのでもないのにどうしてだろう。そんな人たちが寝泊まりまで一緒、しかも死ぬまでそこで生活する、そういう集団である。似ているのは刑務所ぐらいのものだろう。刑務所なら出所するのがふつうだが、ここでは死ぬまで入っている。「罪もないのに無期懲役」という言い方は、後から知った。その後いくつかの施設を見て回って、私は強烈な違和感を覚えた。障害福祉担当の行政官として、障害者のためになる仕事をしようと思い定めた私としては、知的障害者の入所施設の実態を知ったことで、なんとかしなければという気持ちにさせられた。入所施設に閉じ込められている障害者を救い出さなければならない。

入所施設が足らない

一方で、福祉課長のところには、「施設を作ってください」といった陳情をする人たちが頻繁にやってくる。知的障害者の保護者、特に母親たちは親の会として団体でやってくる。それに養護学校の先生、町長などが加わる。当時は北海道に限らず、知的障害者の入所施設は不足していた。養護学校を卒業した後、入所施設に入ろうとしても、入所施設は一杯で入れない。年に数カ所入所施設は新設されるが、それだけでは足らない。卒業後しばらくは親元でめんどうみられるが、早いうちに入所しておかないと、親なき後が心配でならない。

町長さんがついてくることがあるが、これは違った事情からである。「うちの町には何も産業がない。仕事が町にないから若者は高校を卒業すると出て行ってしまう。せめて施設でもできれば、雇用も生まれるし、施設では食料品も買い上げてもらえる。施設建設は町の公共事業だ。うちの町に施設を作ってください」ということである。北海道ならではの事情かもしれない。

「課長は厚生省から来ているということなので、施設整備補助金をたくさん厚生省からもらってきてください」というお願いもされる。母親たちの切実な願いはよくわかる。なんとかしたいと思う。しかし一方で、これが福祉課長のやるべき最も大事な仕事なんだろうかという疑問も拭えなかった。

障害福祉の仕事を始めて早い時期に、北海道で生まれた知的障害者の一生というものがわかったような気がした。知的障害のある子が生まれても、乳幼児健診を受けていないので、自分の子に障害があることに気づかない。小学校に入学するころになると、町の就学指導委員会から「この子には知的障害がありま す。地域の学校ではなく、遠くの養護学校に行ってもらいます」と指導される。バスで通えないほど遠くにある養護学校の場合は、寄宿舎に入ることになる。知的障害のある子が、六歳で親元を離れての寄宿舎生活を十五歳まで送る。中等部を卒業するころには、親は気が気ではない。卒業しても行くところがない。当時は道内に高等養護学校は二校しかなく、狭き門であった。入所施設も空きがない。

入所施設から自立退所する障害者はゼロに近いので、空きが出るのは入所者の死亡しかない。親御さんが知的障害者入所施設の新設を要望するのは、こういった事情があるからである。

「つくしの会」――興梠《こおろぎ》捷子――

障害児が十五歳で学校を卒業してからも、家の近くに通所施設があれば家から通える。十五歳の障害児の親はまだ若いので、障害児の世話をする気力・体力は健在である。「親なき後」を心配するのはまだ早い。入所施設探しはもっと後でいいと言いたいのだが、それでも、「今のうち入所を確保しておかないと心配でならない」というのが親の心理で、それが入所施設の需要増に拍車をかける。

この現象を見て思い出したのが、学生時代にアルバイトしていた某デパートの社員食堂のことである。社員は食堂に入るやまず空いている席に物を置いて、それからカウンターに並んで食事を受け取りに行く。百席のうち三十席に物が置かれている。いわゆる「席取り」である。百席あるのに七十席しか稼働していない。これでは、混雑が激しくなるのは当然である。誰かに「席取り禁止令」を出して欲しかった。そうすれば、常時百席が稼働し、混雑はよほど解消され、待ち時間も短くなるだろうと思った。

知的障害者入所施設の場合、入所したい時に入所できないかもしれないといった不安感が、親を入所施設の席取りに向かわせる。それによって、入所施設不足がますます広がることになってしまう。

一方、晴れて十五歳で入所を果たした知的障害児のその後の人生はどうなるか。多くの場合、先輩入所者と同じように、死ぬまでその入所施設で暮らすことになる。つまり、そこで人生を終えるということである。六歳で養護学校の寄宿舎に入り、十五歳で入所施設に入所し、そこで人生を終える。知的障害があるからといって、そういった人生を送ることが当たり前と言い切っていいのだろうか。福祉課長の仕事は、そういった人生を送らせるための装置としての知的障害者入所施設をどんどん増やすことなのだろうか。そうではないはずだというのが、福祉課長歴一年経たないところで私が確信したことである。

通所施設が足りない中で、義務教育終了後に在宅している障害児が通う場所が欲しいというのは、母親たち共通の思いであった。この思いを「生活実習共同作業所つくしの会」設立という形で実現したのが、興梠捷子さんである。興梠さんとの出会いは、道立真駒内養護学校の体育館で行われた全道特殊教育研究大会の場だった。私は来賓として出席していた。提言者の興梠さんが「つくしの会」を作った時の話をしている途中で、司会者が「浅野課長は用事があるのでここで退席します」とアナウンスした。退席する際に「妻が外出するので、家に帰って娘二人のお守りをします」と言い残した。なんとも失礼なことだが、興梠さんは率直な弁に親しみを覚えたらしい。

後日、仲間の母親たちから「福祉課長のところに挨拶に行こう」と言われた興梠さんが、道庁に電話して私を呼び出した。「道庁に来たって何も面白くないよ。僕が行くから」と応えて、札幌市内のつくしの会に出かけることにした。土屋ホームのノーマライゼーションモデル住宅を借りて活動している様子を見せてもらった。学校を卒業して、どこへも行き場のない障害の子どもたちを母親たちが交代でめんどうをみる。必要に迫られた手作りの活動である。ちょっと危なっかしいが楽しげにやっているのがいい。見学を終えたところで、手作りのカレーライスをごちそうになった。楽しい思い出である。

当時の北海道には、障害福祉の分野で先進的な仕事をしている人が大勢いた。その一人が後志《しりべし》管内古《ふる》平《びら》町の辻田十三夫さん。私が辻田さんのところを訪ねた時に、古平町内の水産加工作業所を案内しながら、「古平協働の家から出た知的障害者が生活センターに住めば、水産加工作業所で働いた給料と障害基礎年金で自立生活ができる」と誇らしげに語っていた。北海道に来て初めて、障害基礎年金の話を聞いたのがうれしくて印象に残っている。古平町の生活センターは北海道独自のものでグループホームの前身である。グループホームで、障害基礎年金があれば知的障害者は地域で生活できるという実践を見せてもらった。

3　こんな入所施設も

「太陽の園」　―佐藤春男―

伊達市にある太陽の園の皆さんからもいろいろなことを教えてもらった。太陽の園は道立で、運営は福祉事業団という知的障害者の入所施設である。一九八五年、北海道が企画した「フレンドリー・サマーキャンプ」が伊達市の有珠《うす》海岸で開催された。ノーマライゼーションについての理解を広めるという趣旨で、運営は太陽の園の職員と福祉事務所が中心となり、佐藤春男総合施設長が実行委員長を務めた。参加は障害児五十人、小中学生五十人、高校生ボランティア二十人それに婦人ボランティア若干名。

開会式では、私が知事に代わって挨拶をした。真夏の開催であり、お祭りでもあり、短パン姿で出かけたので、挨拶も短パン姿だった。この場が、佐藤春男さんとの実質的初対面である。開会式を終えて、炊事の手伝い、砂浜でのスイカ割り、海水浴の介助、有珠山登山とすべての行事に参加した。三日間、夏の浜辺で障害児や太陽の園の職員たちとみっちり交流できたのは、私にとっていい思い出であると同時にいろいろなことを学ぶ機会になった。

翌春、太陽の園の施設整備・運営検討委員会が発足した時に、私はその委員長となった。検討委員長としては、まずは太陽の園の運営状況を知らなければならない。福祉課の職員（複数）を引き連れて、二日間の調査・検討を始めた。この調査・検討は秋にも二日間行われ、のべ四日間となった。

我々調査員は全員学園に泊まる。食事は園生と一緒。夜は総長ではなく職員から説明してもらい、意見交換は時間制限なしでやる。遠慮なしの意見交換になり、お互い同士の理解が深まり、友だち意識で関わるようになった。夜まで続く母子訓練に参加している母親と職員にも話を聞いた。

総合施設長の佐藤春男さんには、学園の敷地内の空き公宅（職員住宅）で生活実習中の園生の様子を見せてもらった。続いて、街の中の一軒家で卒園者五人が共同生活しているところを見せてもらった。佐藤総長が運転する車に乗って園に戻る途中で佐藤さんから聞いたエピソードが今でも心に残る。一年前、あの住宅に移り住んで迎えた朝、元園生のA君が二階の窓を開けて「景色が違う。人が歩いている、車が走っている」と大きな声を上げた。そのA君が言う、「もう山（太陽の園）には戻りたくない」。

検討委員会の委員長の立場を利用して、現場の状況を知るだけでなく、職員の働き方、考え方も知ることができた。行政官としては、現場に身を置いて観察し考えるのでなければ、障害福祉の施策など語れない、そういう意味で現場は大事ということを体感した経験であった。

一九八五年四月、私が北海道民生部福祉課長に就任した時には、障害福祉のことは何も知らなかった。ゼロからの出発である。一日も早く見聞を広め、人を知り、自分なりの考えを持つようにしなければならない。そのために、現場に足を運ぼうと思ったが、どこに行けばいいのかがそもそもわからなかった。太陽の園の場合は、「あっちから来てくれた」といったところ。同園の施設整備・運営検討委員会の委員長を仰せつかったことから、太陽の園にべったり入り込んで行かざるを得なかった。そこでたくさんのことを学んだ。

障害福祉の仕事の魅力

福祉課長の役目柄、各種会合、大会、研究会などに出席を求められることが多かった。知りたがりだった私としては、これをめんどうな義務ではなく、いろいろ学ぶことができる権利と捉えていた。また、自分を知ってもらういい機会とも考えていた。知事の代理で挨拶文を読むことになっているのだが、用意された挨拶文を読み上げたあと、自分の言葉での挨拶をつけ加えることも忘れなかった。

就任してすぐのころ、千歳市で「全道特殊教育研究大会」が開催され、私は開会式で知事代理として挨拶文を読み上げた。そのあと、「障害児の教育が特殊教育と呼ばれるのはおかしくないだろうか」といったことをつけ加えた。無知なる者の怖いもの知らずだったかもしれない。挨拶を終えて降壇したところに参加者の一人がやってきて「浅野さん、あれは special education の訳なんですよ」と教えてくれた。「あれっ、それなら特別教育と訳すべきでしょう」というのは私の心の声。文部科学省の進める障害児教育について私は極めて厳しい見方をしているが、それはこの「事件」が出発点である。

福祉課長に就任してまもなく、重症心身障害児施設「札幌あゆみの園」を訪問した。重症児施設を訪問するのは、厚生省の新任研修以来の十五年ぶりである。あの時は新入生としてごく短時間での見学であったが、今度は担当課長としてプロの目での視察である。見る目の厳しさは自ずから違ってくる。「この子らは何のために生きているのだろう」ではなく、障害は重くとも、進歩があることを自ら信じて必死に生きているということを感じることができた。

その翌月、札幌市で全国重症心身障害児施設長会議が開催された。出席する福祉課の主幹と係長が重症心身障害児施設を見たことがないと言う。「あゆみの園を見に行きなさい」と送り出した。見学を終えて戻ってきた二人はかなりの衝撃を受けたらしい。「今日はメシが食えそうもない」と嘆いていた。会議の前に見学に行かせてよかったと思うと同時に、課員が現場を知らないことに危機感を覚えた。

一九八六年の一月、全道精神薄弱施設長会議での私の行政説明を遠軽《えんがる》町でひまわり学園の園長をしていた湯浅民子さんが覚えている。福祉課長に就任してほぼ一年、障害福祉について自分なりの考えを持てるようになった。行政説明では、現在の施設、親、制度の問題点を解き明かし、障害者の本当の幸せをどのように実現していくかを説き、「障害福祉は可能性の哲学の実践である」と言い切った。この時のことは今も覚えている。自分の話が受け入れられるか不安を持ちながら説明していたが、会場の真ん中に坐った湯浅さんと近藤弘子さん（道南のおしま学園園長）がいちいちうなずきながら聞いてくださっているのに励まされた。福祉課長に就任して九カ月、このころになると、会議では自分の考えを伝えることに力を入れるようになっていた。

こうして、二年間の北海道福祉課長の仕事を終えることになった。ケア付き住宅（重度身体障害者ケア付き住宅モデル事業）はなんとかやり遂げたが、結構がんばっていた障害児の早期療育事業のほうは予算化までいかなかった。仕事の面では不完全燃焼で終わった。一方で、個人的なことで言えば、北海道での二年間で障害福祉の面白さを知った。障害福祉の分野で活躍する魅力的な人たちを知った。障害福祉の深さを知った。障害福祉が自分のライフワークとなる予感がした。その意味で、北海道での二年間はとても貴重なものであった。

2章

厚生省障害福祉課長時代

1　障害福祉課長就任前夜

神様はいるのではないか

一九八七年四月一日厚生省に復帰。すぐに課長ポストに就けるわけではない。人事課長補佐の肩書で「厚生省五十年史」の編集のお手伝いなどの他、七月、八月には採用業務のお手伝いをさせられた。

九月半ば、札幌での仕事が入って、久しぶりの里帰り。夜の食事会のところに厚生省の人事課長から電話があった。「浅野君には障害福祉課長をやってもらう」という人事課長の声に驚いた。「わかりました」とは答えたが、「ありがとうございました」と言ったかどうかは覚えていない。電話を切ってしばらく呆然。次に「神様はいるのではないか」と思った。北海道で知った障害福祉の仕事の面白さ、本省課長ポストとして障害福祉課長をやりたいと密かに思っていた。期待が裏切られた時のショックを予見して、その思いは自分の中でも封印していた。そんなところに、人事課長から異動内示が出たのである。「神様がいるのではないか」という気持ちになったのはある意味当然である。

人事課長からの異動内示は、私にとっては神の啓示のようなものであった。障害福祉課長に就任したその日から、やる気が身体中に溢れていた。当時、世の中は老人福祉にばかり目が行っていて、障害福祉は福祉の世界でも片隅に置かれているような状態だった。「冗談じゃない。今、老人福祉の問題で困っているのは、それまで障害福祉をいい加減にしてきたツケではないか。障害福祉こそ福祉の中心課題だ」と老人福祉に対するライバル心をむき出しにする子どもっぽさもやる気の一部である。

「障害福祉は心のやさしい人たちがかわいそうな障害者にいいことをしてあげるものだというみみっちい考えから脱して、攻めの福祉でいくべきだ」と決意を新たにした。今やるべきことは、どんなに重い障害を持った人も「生きていてよかった」と思えるような生活ができるように支えていくことだということも、出発点から明確に自分に課していた。

なんだか悲壮感漂う決意表明のようであるが、そうではない。障害福祉課長に就任した日に私が意識したのは、一種の全能感である。厚生省障害福祉課長は、やろうと思えばなんでもできるという感覚である。確かになんでもできそうな気がしていた。

課長というポストは障害福祉の仕事だけに集中できる、障害福祉については課長がリーダーである。施策を実施するのに法律はいらない、予算さえあればなんでもできる。また、私には北海道で予習を済ましているという利点もあった。望んで就いたポストである。このポストでやる仕事は楽しいだろうなという予感もあった。まったく楽天的な見通しの中での発進であった。

一方で、障害福祉課長に在任するのは二年と覚悟していた。前任者たちの平均在任期間は二年未満である。のんびりしてはいられない。急いで、急いで実績を上げなければならない。スタートしてすぐに全力疾走に移り、そのままゴールまでスピードを落とさずに走り続けなければならない。情報を集めること、人を知ること、現場を大事にすること、北海道時代の仕事のやり方はこれからも変わらない。このことに限らず、障害福祉課長に就任する前に、北海道で十分な予習をすることができたのは、大きな財産である。

走りながら考えた

就任の三カ月前にジョギングを始めた。ジョギングを始める契機はこうである。北海道時代の暴飲暴食で、東京に戻った時には体重が十キロ近く増えていた。人間ドックを受診したところ、検査の数値が軒並み悪い。「このままの生活を続けていたら確実に成人病（生活習慣病）で死にます」と担当の医師に脅かされた。まずは体重を減らさなければならない。節酒、節食だけでは不十分、運動療法としてジョギングを始めることにした。最初は一分＋一分から始めた。一分走ったところから一分で戻ってくる。それが三分＋三分になり、あっという間に十分＋十分になったころには、走るのが楽しいと感じるようになった。ジョギングは習慣というか趣味となり、結局、大病で入院するまで二十二年も走り続けた。その間、フルマラソンを五度完走するというおまけもついた。

ジョギング中にいいアイディアが生まれる（ような気がする）。ジョギング中には脳の活動が活発になるからだろうか。いいアイディアが浮かんでも、ジョギング中なのでメモできない。ジョギングを終えたら忘れてしまったということもある。「走りながら考える」というのは、仕事のスタイルでもあった。新しい施策を打ち出す時には、まず「やろう」と決めてしまって、施策の細かい内容などは走りながら考える。大東市の療育センター長として地域リハビリテーションを推進し、障害児教育にも情熱を燃やしていた山本和儀さんとは親しくさせてもらった。その山本さんの口癖が「やりゃええんや」だった。普通学級に障害児を受け入れるのに逡巡している教員に向かって、「やりゃええんや。やってみて困ったことがあったら、誰かが助けてくれる。なんとかなるもんや」と言って背中を押す。「走りながら考える」というのもこれに近い。まずやってみる、その中でどうすればいいのか考える。行動が先、思考は後というのが、その後の障害福祉課長時代の仕事のスタイルとなった。

一九八七年九月二十八日、私は「厚生省児童家庭局障害福祉課長」に就任した。初めて職場に入って、課員にどういう挨拶をしたかはよく覚えていない。うっすらと記憶にあるのは、「私は障害福祉については、課内の誰よりも詳しい」と言ったような気がする。「北海道で二年間現場を見てきたんだかんな。新米課長だと思ってなめんなよ」ということは心の中にしまっておいたが、相当肩に力が入っていたようだ。

翌週の月曜日、私にとっては初めての課内会議で、課員に「訓示」をした。その内容を専門官の中澤健さんが記録していた。

一　仕事は時間の長さではない。仕事の中身でこそ勝負すべし。

二　当課のすべき仕事は山積みしている。儀礼的な挨拶草稿などは少々手を抜いてもいい。本来の課題と正面から取り組め。

三　毎日さまざまな情報が行き交い、むずかしい判断も迫られるが、すべて隠すことなく、情報や事態はガラス張りにせよ。

四　当課は何のためにあるのかを考えよ。本省の担当課は情報センターでもある。情報を集めよ。毎日いくつかの県から人が来るが、用向きばかりでなく、県の障害福祉の情報をみやげとして要求せよ。出張の機会があれば現場を少しでも見、現場の人と語れ。

五　大会、シンポジウム、研究会等にはできるだけ出席せよ。

六　親や団体としっかり付き合え。特に、親は親をやめられない。だからこれらの人の言葉の重みをしっかり受けとめよ。陳情や要望の機会をゆめゆめおろそかにするな。

七　思想を言語化せよ。自分の担当している仕事に就いて、自分の考えを文章化する努力をせよ。

この少し前から始めた早朝ジョギング、この日の朝、ジョギングをしながら頭に浮かんだのがこの訓示である。ほとんどが、私自身に向けられたものといっていい。

2　新任課長の方針

仕事のスタイル

障害福祉課長としての私の仕事の進め方は、北海道時代と変わりはない。現場を見に行くこと、当事者の話を聞くことが中心である。現場に行けば、当然当事者の話を聞くことになるのだから、一言で言えば、「当事者の話を聞くこと」ということになる。これが私の仕事のスタイルである。

現場を見に行くことについて一言。現場を見に行くのは、知りたいことがあるからである。問題意識があり、その解決の道が得られないかと期待して現場に赴く。だから、現場で担当者にいろいろ質問する。現場に足を運べば、それでよしとするものではない。問題意識なしの視察は単なる見学であり、悪く言えばアリバイ作りとしての現場行きである。

当事者の話を聞くという時の「当事者」には二種類ある。一つは障害福祉のサービスの提供者、つまり供給側の人たちである。こちらは情報と知識を求めて話を聞くという形を取る。もう一つは障害者本人である。サービスの需要者側と言ってもいい。これには障害者の家族なども入る。私が重視したのは、需要者側の人たちの話を聞くことのほうである。障害福祉課長として何をすればいいのかを知るためには、障害者本人（＋家族）から「何に困っているのか」、「どうして欲しいのか」を聞き出すという作業が必要である。そこから、行政としてどんな施策ができるかの検討が始まる。

行政学では、この作業を潜在的行政需要の掘り起こしという。私が障害福祉課長時代に施策化した事業のいくつかは、この作業から生まれたと言っていい。たとえば、強度行動障害調査研究は、自閉症児親の会からの悲痛な訴えを聞いたことが、施策化の出発点となった。行政、特に福祉分野の行政においては、行政官が自ら福祉需要の発掘に精を出さなければ、適切な行政施策を打ち立てることにはつながらない。

私なりの仕事のスタイルとしての聞き取り取材であったが、聞かれたほうからは思わぬ反響があった。「今まで自分たちのことを、これほど熱心に聞いてもらうことはなかった」と感激して涙を流す人たちがいる。要望を実現してくれと迫られるのは困るが、聞くだけだったらいつでもできる。

しかし、これまでは、その簡単にできる聞き取りさえなされていなかったのだろうか。私がそんな役人文化を変えたことになるのかもしれないと思った。

施設長がやるべきこと

障害福祉課長になって八カ月経った一九八八年五月、全国精神薄弱者施設（現・知的障害者施設）長会議での「行政説明」の場面で、私は新任課長として千数百名の施設長に所信表明演説のような演説を披露した。新任課長から全国の施設長への連帯の挨拶でもあるし、施設長に本気を出して欲しいという思いもあった。一部抜粋でお伝えする。

障害福祉の仕事は、「意義ある」、「大切な」、「立派な」というまくらことばがついて語られることが多いのですが、私は「大変楽しい」、「雄々しい」、「血湧き肉躍る」仕事だということを感じております。

そういう我々の仲間として、新たに数百人が隊列に加わって、この会にご出席であることを心から歓迎したく、また、本当におめでとうと申し上げたいと思います。今日は、一番目「社会復帰・社会自立」、二番目「施設の開放」、三番目「入所者の人権」について話します。

まず一番目、社会復帰・社会自立について。成人の入所施設の定員は六万人近い。けれども、その六万人の中から就労自立を果たす人は、年に五百人ちょっとという報告があります。成人の更生施設というのは、リハビリテーションつまり社会復帰を目的とした施設であるわけですが、その専門集団の中から百人に一人しか社会復帰を果たしていない。これは大変な問題だと思うんです。真剣に考えて対処すべきことです。施設関係者の問題だけでなく、地域の問題、それから我々行政の問題でもあります。

（中略）

たまたま知恵遅れというハンディキャップを持って生まれた方が、学校卒業後早々と施設に入り、そして十年、二十年、三十年と施設で過ごす。振り返ってみたら自分の人生は施設だけだったと、地域で生活することをまったく知らないままに人生を終える。こんな不幸は許されていいのだろうか。一人の知的障害という人の人生を考えて、私はつくづくそう思います。

現実には社会復帰といっても、なかなかむずかしいとは思います。しかし、人生の一時期、みんなと一緒に働いて、地域の中で生活したという経験があれば、その人の人生はそれなりに充実したものになるのではないかと思います。その人の特性、家族の状況などを総合的に判断して、こうすれば社会復帰が可能になっていくということを見極め、可能な人にはぜひやらせてください。そのための条件作りは、今までもやってまいりましたけれども、私どももさらに真剣に考えさせていただきます。

専門家集団として、社会復帰ということを考えなくなったのでは、これは施設の否定になってしまうだろうと思います。それぞれの入所者の特性を十分考えて、それぞれの人ごとに目標を設定すべきだと思います。何年後にはその人は社会復帰をさせるという目標を設定して、画一的にではなく、施設によって、また人によって、その中で真剣な社会復帰の努力をしていただきたいのです。

（中略）

二番目「施設の開放」（略）
三番目「入所者の人権」（略）

大部分省略してしまったが、ここまで書き写してみて驚くのは、この時から三十年経って、今また障害福祉課長として「行政説明」をしたとしたら、この演説とまったく同じことを語るだろうということ。三十年間進歩がなかっただけでは済まされない。

休憩時間に施設長たちがロビーに出て、「行政説明」を論評していた。それを聞いていた佐藤進さんが、施設長たちの反応を教えてくれた。意外だったのは、「あんなこと、俺は昔から言ってきたじゃないか」と冷ややかに吐き捨てる人が少なくなかったこと。それが、鋭い言説と優れた実践で評価される高名な先生方であることに佐藤さんは驚き、そして怒りを覚えたという。

障害者の社会復帰を果たすべきだということを、刺激的に挑戦的に演説したからには、社会復帰の条件作りとして行政がやるべきことをやらなければならない。「グループホーム、絶対に実現する」と再度誓ったのは、この演説の直後である。

3　コロニー雲仙の試み

奇跡的な出会い　― 田島良昭 ―

厚生省児童家庭局障害福祉課長。今度は、全国が相手である。仕事を始めるにあたって、まずは情報である。情報は人についてくる。全国を視野に入れて人材を探さなければならない。北海道の友人に電話した。障害福祉課長になって十日目、十月八日のこと。「全国レベルで活躍している障害福祉の人材を探している。誰か教えて欲しい」。「長崎にたじまよしあきがいる。彼はすごいよ、面白いよ」という返答があった。

電話を切って横を向いたら、怖そうなオッチャンが目に入った。「どなたですか」と訊くと「たじまよしあきです」と名乗った。補助金交付決定が遅いと長崎から文句を言いに来たらしい。中澤専門官が私のところに連れてきた、田島良昭、今聞いたばかりの名前。その田島さんがいろいろ言い出すのを抑えて、私からは「文句言うより前に、グループホームやろうよ」と誘った。

社会福祉法人南高愛隣会が運営する「コロニー雲仙」では、この時期にはグループホームの前身というべき勤労者住宅をたくさんやっていた。私は障害福祉課長になったその日からグループホームのことばかり考えていた。検討事項のメモも作っていた。田島さんに聞きたいことがたくさんある。メモを渡して、質問をブワーッとぶつけたら、田島さんは一所懸命答えていた。帰り際に、改めてメモを渡して「返事ちょうだいね」と言って送り出した。

これが田島良昭さんとの出会いである。なんとも劇的というか奇跡的な出会いではないか。グループホームについて聞きたいことがあって、こちらから聞きに行こうと思っていたら、向こうからやって来た。しかも、障害福祉課長になって十日目という早い時期にである。それ以来、田島さんは障害福祉における私の師となった。それから長い付き合いを重ねるうちに、仲間となり、同志となった。それが現在まで続いている。

田島さんとの奇跡的な出会いがあった当時は、田島さんとコロニー雲仙への悪評が私の耳にも入っていた。「障害の軽い障害者だけ集めている」、「スパルタ式の押しつけ訓練をしている」、「行政指導無視の勝手放題をやっている」などなど。そんな評価が正しいのかどうか、実際に確かめたいと思い、コロニー雲仙視察の機会をうかがっていたが、それが翌年一九八八年二月に実現した。

「入所者に目標あり」

コロニー雲仙については、就労して社会復帰していく園生が多いことは事前に承知していた。全国の入所施設の入所者の社会復帰が毎年一％前後であるのに対し、コロニー雲仙では二〇％。どうしてこんなに社会復帰する入所者が多いのだろう。その謎を解くつもりで園生の活動ぶりを見せてもらった。一泊二日の視察の旅である。

園生はみんな、身体が引き締まっていて頑健そうに見える。礼儀正しい、相手の目を見てきっちり挨拶する。肉牛の世話をするグループは、二十キロの飼料の運搬を繰り返す。豚舎の掃除担当は、ブラシを激しく動かし徹底してやる。動きは常にキビキビしている。福祉工場でそうめん製造をする人たちの働きぶりはさらに本格的。彼らは施設を卒業して、一段上の能力開発センターに進んだ訓練生である。真剣な表情は、ついている指導員と見分けがつかない。見ていて圧倒された。

コロニー雲仙の園生がこれほど熱心に訓練に取り組んでいるのには理由がある。彼らが明確な目標を持っていることが大きい。たとえば「施設を卒業して街に出て仕事に就きたい」といった具体的な目標である。目標があって初めて、仕事に就くためには八時間労働に耐えられる体力・気力を養わなければならない、社会に出てからのマナー、礼儀正しさも身につけなければならないということが理解できる。それが、訓練をしっかりやるという行動につながる。

「コロニー雲仙に自分から進んで入所する例はゼロです。しかし、能力開発センターに入ろうとか、就職しようというのは、自分たちの意志なのです」と、田島さんは園生が目標を持つことの意義を私に説明する。コロニー雲仙の園生が、なぜあんなに熱心に訓練に励むのか、私はその種明かしをしてもらったようだ。社会復帰への出発点は、具体的な目標を持つこと、それがわかった。入所者の社会復帰ゼロの入所施設では、入所者は目標を持っていない、「目標は何か」と尋ねられもしない。これでは、社会復帰の事例ゼロも当然だと思えてくる。コロニー雲仙の視察を続けながら、田島さんに職員のことを聞いてみた。田島さんが「うちの職員たちは、『労働組合』でなく『楽働組合』と呼んで欲しいというぐらい、職場環境がよくてみんな楽しく働いている」と言ったのを覚えていた。

コロニー雲仙では、新任職員の人たちは六カ月の試用期間中、入所施設の中で障害を持っている人たちと寝食を共にしながら過ごす。研修が始まって二週間が過ぎるころには、新任職員たちは自由もプライバシーもない施設生活の辛さ、苦しさを涙で訴えるようになる。「利用者は六カ月どころではない、下手すれば死ぬまでこういう生活を強いられるんだぞ」と、辞令交付式で田島良昭理事長が諭す。この経験を通じて、新任職員は利用者の一番の願いが「早くうちに帰りたい」ということだと肌で実感する。だからこそ、「ふつうの場所で、ふつうの生活を」の理念を頭でなく身体で理解するのだから、職員としてどういう姿勢でここでの仕事に取り組んでいくのかを、しっかりとつかんでスタートすることになる。なるほど、それは当然だなと納得させられた。

心底感動「瑞宝太鼓」

一九九二年二月、障害福祉課長を卒業してから、私はコロニー雲仙育成会の宿泊研修に講師として招かれた。講演のあとの懇親会で瑞宝太鼓の演奏を聴かせてもらった。瑞宝太鼓は、能力開発センターの訓練生のクラブ活動として結成された。その太鼓の響きに心底感動した。力強い演奏であり、「全員知的障害の人たちなのか！」という驚きもあった。

その瑞宝太鼓がさらに成長して私の前に現れたのが、一九九八年八月、スペシャルオリンピックス宮城の活動資金集めのためのチャリティ・コンサートである。はるばる長崎県から宮城県に来てもらった。当時、私は宮城県知事である。理事長の田島良昭さんがメンバーを紹介する。

「高倉照一君は二年半前の施設入所時は体重百キロ以上で、それこそ何もできない子でした。しかし、太鼓に出会って大きく変わりました。彼は太鼓の天才です。体重も毎晩腹筋運動をしながら七十キロ台まで落としました」。田島さんのメンバー紹介は続く。能力開発センターで訓練中のA君を除けば、全員が地域で就労している。

演奏が終わって、観客全員が度肝を抜かれた。天才高倉照一君は軽やかに豪快に、そして楽しげに縦横無尽に太鼓を打ち出す。リズム感満点で、魂を揺さぶる惚れ惚れとするパフォーマンスである。

その瑞宝太鼓に、またまた長崎で再会した。この年一九九八年十一月末、長崎県吾妻町での「心響き合うとっておきの芸術祭」に参加した。演奏は、団員によるナレーションで始まった。

「私たちの旅は、この世に生まれた時から始まりました。温かい母の愛につつまれ、安心して眠りながら輝かしい人生を夢みていた。その時両親は突然宣告されたのです。この子は障害児です。ふつうの人生を歩めないと……」（大太鼓　ドドンドドン　ドコドコドコ）

「私は、施設に入所しました。そこは一見ユートピアのように見えるところでしたが、家族や住み慣れたふるさとを離れての生活は寂しくて悲しい毎日でした」。（大太鼓　ドンドンドンドンドン　ドコンガドン）。

瑞宝太鼓は、その後二〇〇一年にプロになり、海外も含め、年に百回以上の公演活動をしている。

4　グループホーム事業が始まる

グループホームへの予算

障害福祉課長就任の日には、グループホームのことが頭にあった。「次の一手」はグループホームと思い定めていた。自分の在任中に決める覚悟を固めた。

北海道時代にグループホームのことを知り、その有用性と必要性は十分理解していた。知的障害者を死ぬまで施設に閉じ込めておくような状況は変えなければならない。彼らが施設から地域に出ていくための受け皿としてのグループホームは絶対に必要である。そこまでの思いを持って北海道を卒業して厚生省に戻ってきた。その五カ月後に障害福祉課長を拝命したのだから、就任の日に「グループホームやるぞ」という思いになるのは当然である。

その決意を早い時期に専門官の中澤健さんに伝えた。グループホームは、二年前に障害福祉課内で議論にはなっていたが予算要求にまで至らなかった。一年後、児童家庭局長も入ったフリートーキングの場では反対が強く、そこでグループホームのことは終わってしまったとのこと。

福祉の施策を始めるのに、必ずしも法律はいらない。予算がつけば、新規施策は始められる。グループホームも予算をとれば実現できる。一九八八年度予算については、既にこの年の八月三十一日に大蔵省に要求書が提出されてしまっている。一九八九年度の予算要求の作業は、翌年の六月ごろに始まる。一九八八年度予算の編成作業で霞ヶ関全体があわただしくなっている十二月末、一九八九年度予算で実現を図るべく、私はグループホーム事業の企画書を書いていた。

予算要求では、局長のところが大きな関門である。局長は長尾立子さん。前年の失敗のことがある、まずは局長を説得しなければならない。そこに全力を上げた。局長のところでどんな質問が出ても、的確に答えられるように「百問百答集」を用意した。中澤専門官をトップに課員を総動員して百問百答を作らせた。

その過程で、課員をいくつかの班に分けて、東京都内の生活寮、通勤寮を見に行かせた。「作らせた、行かせた」というと無理にやらせたようだが、専門官はじめ課員は喜んで仕事に励んでいた。一つの目標に向かって、課員が一丸となって取り組むのが楽しくないはずがない。局長用説明資料に「グループホームとは何か」をわかりやすく書いた。そのポイントは次のとおりである。

グループホームは、知的障害者が地域で生活する住宅である。家庭的な雰囲気を保持するために、入居者は四、五人と想定している。一部屋に一人で住む。入居者がそれ以上になると、家庭といえなくなるだけでなく、入居者が多くなると入居施設のように管理的な運営になってしまう。グループホームは小型の施設ではない。あくまでも住居である。予算要求の項目も「精神薄弱者地域生活援助事業」としてあり、決してハードの事業ではない。ソフトウエア又はヒューマンウエアの事業である。グループホームとして使う住宅は、地域にある一戸建て、マンション・アパートの一部である。グループホームには食事の世話など生活上の支援をする世話人を置く。世話人は資格、経験を問わない。「ふつうのおばさん」でいい。グループホームの運営は、「バックアップ施設」が行う。バックアップ施設には知的障害者の支援のノウハウがあり人材も揃っているため、草創期のグループホーム運営には適任だと考えた。

これだけしっかりと準備をして、説明もわかりやすくした。長尾局長は一を聞いて十を知るという賢い人である。飲み込みが早いし、理解したら認めてくれる。局長のところでグループホームの予算要求を認めてもらえた。「これで大丈夫」と思い、胸をなでおろした。

大蔵省は予算要求の最後の関門だから、説明の際には力が入った。グループホームの予算の必要性をわかりやすく、そして力を込めて説いた。特に力説したのは、ハコモノの施策ではないことである。そもそも予算要求の項目に「グループホーム」の用語は使っていない。ハードウエアではなく、ソフトウエア・ヒューマンウエアが大事だということを表すために事業名として「精神薄弱者地域生活援助事業」を使っていた。さらに、施設運営より安上がりであることも強調した。その点も評価されたのか、グループホームの予算は無事大蔵省を通った。これで一九八九年度にグループホーム事業が始まることが決まった。ほっとした。うれしかった。

ここまでの間に、いくつか仕掛けを設けていた。中央社会福祉審議会から「グループホームを作るべきである」という答申を出してもらった。答申の原案について議論されるのだが、逐次、その議事録が文書として出てくる。障害福祉課の野島康一課長補佐がワープロを猛スピードで打ってできる文書である。座長の中村健二さんに「人使いが荒い課長で大変ですね」と声をかけられた野島補佐が「いや、毎日のことで慣れています」と応えたという話がある。

朝日新聞の社説にグループホームのことを書いてもらった。それまで一面識もなかった大熊由紀子論説委員にグループホームに関する資料をどっさり送りつけてお願いした。全国紙の社説である。これがグループホーム実現への大きな後押しになった。「精神薄弱者地域生活援助事業」の予算要求は無事通った。都道府県への補助事業でグループホーム百カ所、一カ所二百万円、半年分で予算額は一億円余である。

グループホームマニュアル

予算は取れたが、実施はこれから。失敗は絶対に許されない事業である。初めての事業であるので、実施するほうにもとまどいはある。不安もある。そこで作成したのが「精神薄弱者地域生活援助事業(グループホーム)設置・運営マニュアル」である。のちに、「グループホーム設置・運営ハンドブック」として厚生省障害福祉課監修で出版された。なお、ハンドブックには「一九八九年版」と明記した。「事業は始まったばかりで、実績がない。まだまだマニュアルとしては不十分である。毎年、内容を改訂して最新のマニュアルとする」ということを予め明らかにする趣旨である。

ハンドブックの表紙に「一九八九年版」と明記したのは、行政官としての「思想・哲学」である。行政関係の文書で「〇〇年版」というのは珍しい。しかし、改訂を前提とした行政文書があってもいいじゃないかというのが、私の考えである。行政のルールにも間違いはある、欠陥はある。それに今気がついていないかもしれないが、時間が経てば欠陥が明らかになる可能性がある。「〇〇年版」と明記するのは、そのことを行政が自覚していることの表明であり、行政の対象への告知である。大げさな言い方をすれば、行政の無謬性《むびゅう》への挑戦である。

後輩行政官に先輩から言っておきたい。たまには、行政の無謬性に懐疑的になってもいいじゃないか。新規事業をやらないとか、「すべて前例踏襲」とか。試行錯誤には、錯誤が伴うのでやらない、やれない。これでは行政の新しい試み、新しい事業は始められない。これを沈滞というか、時代遅れというか。いずれも「行政の無謬性」病の行き着く先である。

グループホームは県の補助事業として予算化されたので、次は県で事業を実施してもらわなければならない。初年度は全国で百カ所である。すぐに売り込みにかかった。「今年度グループホーム事業が始まるので、貴県でも二カ所はやって欲しい」と各県の課長に私から直接電話を入れた。ほとんどの県からは「はい、なんとかやってみます」という返答があった。ある県の女性課長は「うちのほうでは、初物には手は出さないってことになっているんで、遠慮しておきます」と断ってきた。

全国百カ所で始まったグループホーム事業、現在は八千カ所を超えた。「障害者総合支援法」に「共同生活援助事業」として規定されている法定事業になっている。今や、障害者の地域生活にとってなくてはならないものになった。しっかり育ってくれてありがとうという親の心境である。

障害福祉専門官　―中澤健―

グループホーム事業の予算を獲得するにも、事業執行のマニュアルを作るのにも、事務的なことで活躍したのは障害福祉専門官の中澤健さんである。私が障害福祉課長として仕事を始める前、中澤さんは厚生省を辞めようかと悩んでいた。グループホームを施策化しようとしていたのに、障害福祉課でも児童家庭局でも取り上げてもらえない。仕事が面白くないと感じるようになっていた。私が障害福祉課長に就任してすぐに、「グループホームやろう」と中澤さんにも声をかけた。中澤さんは息を吹き返した。

グループホーム事業という夢中になれる仕事をつかんで、中澤さんは本気になった。中澤さんと一緒に仕事をしたのは一年九カ月。その期間、私にとっても楽しく仕事ができた。

私が障害福祉課を去って四年後、中澤さんは厚生省を辞めてマレーシアに渡った。ペナンで障害児の早期療育、移動おもちゃ図書館、知的障害者の就労支援などを十年やった。次にボルネオに行く。イバン族という少数民族が住んでいるところで、コミュニティサービスをやる。ゼロからのスタート、金もない、知り合いもいない、言葉もわからない。そんなところから二十五年、見事に務め上げて、日本に帰ってきた。中澤さんのマレーシアでの第二の人生は実に輝いていた。

5　重症心身障害児通園事業

「朋」――日浦美智江――

障害福祉課長になって一カ月が経ったころ、障害福祉課の職員が私に言う。「課長ね、横浜に変な施設があるんです。それは重症心身障害児が毎日通って来る施設なんです。毎日通えるなんていうのは、重症心身障害児って言わないですよね」。「わかった。それじゃあ今度そこに行ってみよう」ということになって、それから数日後にその「朋」という施設に職員を一人連れて「視察」に出かけてみた。職員を連れて行ったのは、勉強のために実態を見ておけよということ。

「朋」の日浦美智江施設長のほうは、戦々恐々として待ち受けていた。新任の障害福祉課長が「こんな法律違反の施設はとりつぶす」と言いに来るのではないかと恐れていたのである。こちらにはそんな気はまったくない。面白そうだから見に行こうというだけである。

まずは話を聞こうということで、私からいろいろ質問をぶつけるところから始まった。私の中には「重症児が毎日通ってきて、何かの活動をするというのはアリかな」という思いがあった。だから、そういう線に沿った質問を続けた。日浦さんのほうはというと、質問に答えているうちに当初の恐怖感はなくなっていったのだろう、二時間の会見中ただひたすら説明を続けていた。

説明が終わり、日浦さんの案内でホールを見に行った。ホールでは利用者の朝の集いが始まったところ。全員車椅子、ストレッチャーに乗った人も数人。その人たちが、司会の職員の働きかけに応えて声を出す。彼らは参加しているのである。こんな様子をざっと見ただけだったが、私は「こういうのアリだな」と改めて確信した。「朋」を辞去する時、日浦さんに「いるね」と一言かけてお別れした。私としては、「こういう場所は絶対必要だね」という思いだった。

この後、「朋」と同じように、重症児が通ってくる施設である世田谷区立三宿つくしんぼホーム、東京小児療育病院みどり愛育園（鈴木康之園長）を見学して、私の中では重症児の通園事業がはっきりとした形になっていった。一九八九年度予算要求に「重症心身障害児通園モデル事業」を上げたところ、五カ所が認められた。

予算が決まってすぐに日浦さんにハガキを出した。「前略　念願の重症児通園モデル事業が平成元年度予算で実現しました。全国五カ所で満額回答です。金額としてはささやかですが、静かな変革をもたらすでしょう。先輩施設としていろいろとご示唆を期待しております」。新聞紙上で通園モデル事業の予算化を見て、日浦さんは飛び上がって喜び、すぐに私宛てに「ありがとうございました」と御礼のハガキを出した。二通のハガキは川崎の上空あたりですれ違ったらしい。五カ所で始まった通園事業、今や三百五十カ所を超えている。必要性があり、効果があり、それゆえ需要がある事業は全国的に拡散していく。グループホームも同様である。

地域の宝、日本の宝

日浦美智江さんは、母親たちと重症児が集まる場所として「訪問の家」という作業所を作った。さらに「朋」という作業所も作った。現在の「朋」の前身である。

学校を卒業した重症児は、施設に入所するか在宅で母親とべったりの生活をするしかない。自宅から施設に通って、そこで仲間と共に活動するという選択肢が生まれた。「朋」が認可施設として活動を支援する専門スタッフが用意されていることの意義は大きい。重症児者にとって、こういう生き方ができるということがわかった。また、「朋」で働く職員にとっても、素晴らしくやりがいのある仕事が見つかった。優秀で熱心な職員が大勢生まれた。心身に重い障害を持った人たちが地域に出て、地域で活動することによって、地域の人たちの障害者を見る目が変わる。これも世直しである。「朋」はそういう世直し隊の先頭を切って走っている。

「朋」のスタートは簡単ではなかった。地元の栄区桂台は高級住宅地で、自治会長は「横浜の田園調布を目指している街に、図書館、美術館、文化会館といった文化施設ならいいが障害者施設はふさわしくない」といって「朋」の建設に反対した。このことが新聞に出たので、日浦さんは地元説明会をやることにした。説明会には三百人近くが集まったが、出席者の半分以上が反対という状況だった。

反対があったのがかえってよかったと、日浦さんは「朋」ができたころのことを振り返る。反対の声が上がったからこそ、日浦さんとお母さんたちは地域の人たちに施設のこと、障害のある子どもたちのことを一所懸命に説明した。地域の人たちは「朋」ができる前から「朋」の応援団になっていた。住民が施設建設反対、グループホーム設置反対の声を上げる事例は、今でも各地で起きている。「朋」の例を参考に、なんとか反対を抑えて欲しいと思う。二年前、東京・文京区でのグループホーム設置反対運動についての勉強会に、日浦さんと私が出席して話をしたのを思い出した。ちなみに、反対運動は収まって、無事、グループホームは設置された。

「朋」のすぐ近くに、桂台小学校、桂台中学校がある。生徒たちはしょっちゅう「朋」に遊びに来る。

私が「朋」に何度目かの見学をしていた時にも、小学五年生の生徒二人が遊びに来ていた。雨降りでなければ、もっと大勢来たのにと案内の職員が解説してくれた。

桂台中学校の運動会には、「朋」の利用者も参加する。開会の言葉は脳性まひのA君の「あーあー」だけの一言。いろんな競技にも利用者は参加する。桂台中学校の創立三十周年記念式典で、校長先生から「朋」に感謝状が贈られた。ふつうは、「いつもボランティアしてくれてありがとう」と施設から中学校に感謝状が贈られる、そういった例はたくさんあるが、今回は逆方向。「生徒たちが『朋』と関わることで、学校の授業では学べない多くのことを教えてもらっています。ありがとうございます」と校長先生は感謝状を読み上げた。生徒たちは卒業してからも、「朋」で仲良しになった障害の子のことは忘れないだろう。また、たくさんのことを「朋」から学んだことも忘れないだろう。立派な社会人になることは間違いない。

「朋設立三十周年記念式典」で来賓の栄区の区長さんが「朋は栄区の宝です」とご挨拶で語っていた。私も出席していたが、私は「そうじゃない。朋は日本の宝です」とつぶやいた。

6　全国重症心身障害児（者）を守る会―北浦雅子―

教育の定義とは

障害福祉課長に就任したその日から私の思いの中心にあったのは、重症心身障害児のことである。厚生省の初任者研修で重症心身障害児施設の重症児たちを見た時のショックがその後も常に私の中に残っていたという事情もある。「最も重い障害を持つ子どもたちを大事にすることが、すべての人のいのちを大切にすることにつながる」という思いもあった。

私が初めて重症児と会った時には、こんなに障害が重いのであれば、生きている意味がないのではないかというのが実感だった。また、重症児はいくら教育しても社会の生産に寄与する存在になることはないのだから、重症児への教育は無駄、無意味ではないのかとも思った。しかし、重症児の生きていく意味などということを、当の重症児以外の人がうんぬんしていいのだろうか。

また、「社会の生産に寄与する可能性のない人への教育は無意味である」という時の「教育」の定義は狭すぎるのではないか。教育とはその人の持っている能力を最大限に引き出す作業と定義し直せば、重症児への教育こそが最も根源的なものと言える。重症児を守っていくことは、人道的とか、あわれみの心だとかで表現されるものではなく、むしろ自分たちの住む社会を住みやすくするための営みだと考えるようになった。

障害福祉課長に就任したばかりのころ、全国重症心身障害児（者）を守る会の会長である北浦雅子さんが私のところに来られた。重症心身障害児対策の歴史と「守る会」の基本理念を熱心にお話しになった。種痘後脳炎で重症児となった息子さんの尚さんは私と同年代ということも教えてもらった。重症児を守ることに全身全霊をかけていることが伝わってくる。「生きる力が最も弱い重症児のいのちを守ることが、社会全体を住みやすいものにすること」というのが北浦さんの信念であることを知った。これが結成以来変わらない守る会の根本理念でもある。

障害福祉課に現れた北浦さんは、気負いのないあたたかさを持つ慈母の如くであった。「守る会」の会長として七千名会員の頼りになる母親としての厳しい顔もある。私の実の母と同年であることから、私としては母親に甘えるようなところもあった。

「課長さんが書いてくださった『重症児の存在を基点に社会変革を』というのが、私たちの活動にとってとても大切な視点なんです。そういうことがわかってくれる課長に来ていただいて、とてもうれしい」。「守る会」で発行している「両親の集い」に寄稿した文について、北浦さんからお褒めの言葉をいただいた。母親に褒められた息子のようだった。

「今日、ヒサ坊が施設から半日外出で家に戻って来たのよ。やっぱり自分の家はいいってわかるのね。全身で甘えてくる。外出は、施設の人がつきっきりで送り迎えしてくれるし、本当にありがたい」と電話でお話ししたこともあった。こんな時の北浦さんは、やさしいお母さんの声になっている。

障害児は人をつくる

北浦雅子さんの次男尚さんが生まれたのは、一九四六年九月二十四日。当時夫の貞夫さんは九州大学理学部教授をしており、北浦さん一家は福岡市在住であった。尚さんは生まれた時は健康そのもの、生後七カ月で受けた種痘が尚さんと北浦家の運命を変えた。病名は種痘後脳炎である。医師から「不治の病です」と宣告されて、ものすごい衝撃を受けた北浦さんは、一時は死を考えるところまで追い詰められた。尚さんの病が不治の病だという事実はどうしようもないが、症状が少しでもよくなるように、北浦さんはあらゆることを試してみようと、最善の努力を尽くしていた。

当時は、「神も仏もありはしない。あったとしたら、こんなむごい思いをヒサ坊にだけさせるはずがない」と言って、泣きながら、恨みごとを言いながら毎日暮らしていた。そんな北浦さんの心を救ってくれたのが古川泰龍先生であった。

古川先生は、佐賀県の真言宗の寺の長男として生まれたが寺は継がずに宗派を超えた宗教活動を行っていた。当時は福岡刑務所の教誨師をしており、死刑囚再審請求運動でも忙しくしていた。「お母さんからすれば苦しんでいるように見える時でも、坊やは苦しみと感じていないかもしれない。坊やのことで神仏を恨み、悶え苦しむのは、あなた自身の心の中に問題があるのかもしれない」。

少し落ち着くと、北浦さんの心境に変化が現れた。ヒサ坊の痙攣は治らない。自分がいくら泣いても、悲しんでも、ヒサ坊の痙攣は治らない。自分が泣いているだけでは、ヒサ坊の幸せはやってこない。「自分自身の心のあり方を変えないかぎりは、ヒサ坊は永久に幸せにはならない」、ようやくそういったことに気がついた。ヒサ坊のどうにもならない現実の犠牲をそのまま受けとめて、家庭の中でも社会のためにもプラスになるように生かしていかなければならない。その時初めて、ヒサ坊は人間としての役目を果たすことになる。北浦さんの中で、気持ちを整理することができるようになっていった。

北浦さんは、古川先生の言葉と同じようなことを、重症児の子どもを十数年も抱えてきたというお母さんたちから聞かされることが多くなっていた。

「重症ですが、うちの子どもは我が家の宝です」

「障害児がいたおかげで、一所懸命働いてある程度財産ができました。うちの子は福の神です」

「こうした子どもを持ったおかげで、私は幸せを教えられました。子どもへのお礼のつもりで、社会のために尽くそうと思っています」

障害のある子がいたからこそ、親たちがこういった考えに至った。そう考えると「障害児が立派な人創りをした」といっても過言ではない。

北浦さんの心に転機を与えてくださったのは、古川泰龍先生であった。

日本で初めての重症心身障害児施設の誕生

一九五九年四月、北浦一家は十八年暮らした福岡を離れて東京に住まいを移した。東京に移り住んで間もなく、日赤産院（日本赤十字社産院）の小児科部長小林提樹先生の診察を受けるようになった。待合室で語り合う障害児の親たちからも小林先生は信頼され、心の支えになっていた。

小林先生を中心にして「両親の集い」というグループができており、北浦さんも参加するようになった。

「両親の集い」でお母さん方と友だちになり、お互いに悩みを語り合う関係ができた。ある日、そのグループの人たちと、建設中の島田療育園に見学にいった。お母さんたちは、「やっと、子どもたちの施設ができる」と感激し、喜び合った。

島田療育園の名称は、島田伊三郎氏の名前に由来する。島田氏の四番目のお子さんに心身障害があったことから、小林提樹先生と結びつきができた。そこから心身障害児の施設を作る計画が始まった。その後、多事多難、紆余曲折がありながらも、多くの協力者の援護もあり、一九六一年六月、東京都多摩村に島田療育園がベッド数五十で開園した。小林先生は開園と同時に日赤産院を退職し、初代園長に就任した。日本で初めての重症心身障害児施設である。そんな歴史もよく知らず、私たち厚生省の新入省者十六人は一九七〇年四月、初任研修で島田療育園を訪れたことは既に書いた。

「全国重症心身障害児（者）を守る会」結成

福岡から東京に帰って三年近く経ったころ、北浦さんの関心は尚さんだけでなく、外へも向けられるようになった。重症児をめぐり大きな問題があることに気がついた。重症児を対象とする施策は、一九六七年まで我が国には存在しなかった。重症児を抱える親たちは、絶望的な状況の中で子どもと共に死と向かい合う毎日であった。一九六四年、「全国重症心身障害児（者）を守る会」が結成された。会長は北浦さんの夫の貞夫さん。

貞夫さんが一九七〇年、「シャイ・ドレーガー症候群」という難病に倒れ、北浦さんは夫の看病もしなければならなくなり、それまで自宅で二十四年間育ててきた尚さんを重症児施設に入所せざるを得なくなる。「二人の病人を抱えてはどうにもならず、泣き泣き施設にお願いした」。施設に入所した尚さんは、生活環境の急激な変化のためか拒食状態になり、危篤に陥ってしまう。北浦さんは、昼間はご主人の看病、夜は尚さんのベッドサイドで容態を見守る日々が続く。一九七八年二月、最愛の夫が逝く。

二〇一四年六月九日、「全国重症心身障害児（者）を守る会」の創立五十周年記念大会が天皇・皇后両陛下ご臨席のもと盛大に開催された。北浦雅子さんは、緊張した面持ちで挨拶した。

「戦後の混乱が一段落した昭和三十年代の後半、『社会の役に立たない者に国のお金は使えません』という世相の中で、私たちは『社会で一番弱い者を切り捨てれば、その次に弱い者が切り捨てられ、社会全体の幸せにつながらないのではないですか』と訴え、守る会を結成しました。今日、このように重症児者が一人の人間として認められ、医療・福祉・教育が三位一体となったあたたかい療育が行われて、笑顔で豊かな生活ができるようになったことを思うと感無量です」。

五十年の道のりを駆け抜け、凛として話す九十三歳の北浦さんの姿は、昔と変わらぬ障害のあるヒサ坊の母、そのままであった。

精一杯生きた七十一年

二〇一八年一月二六日、故北浦尚さんの告別式に参列した。二十四歳の時に東京の重症心身障害児施設「むらさき愛育園」に入園し七十一歳で亡くなられたのだが、亡くなるその日までベッド上で活動していた。音楽を愛し、不自由な手を使って絵も描く。重い障害があっても、自分の生を精一杯生き切った。

告別式で私の隣の席に坐っていたのは、北住映二さん。むらさき愛育園の園長として、尚さんにずっと（四十七年間も！）関わってきた。重症心身障害児者療育一筋の立派な医師であり、重症児の母親からは全面的に頼りにされ、慕われている。北住さんと私は仙台市立第二中学校の同級生。告別式で隣の席に坐る北住さんに、「いい人生送ってますね」と声をかけた。

告別式では北浦さんは、気丈に振舞っていた。九十六歳、車椅子ではあるが、凛とした態度を崩さない。喪主としてのご挨拶も立派なものであり、尚さんのことを語る言葉はしっかりしている。お棺に覆いを掛ける時、北浦さんは尚さんに向かって「ありがとうね、ありがとうね」を何度も繰り返していた。

7　在宅心身障害児者療育モデル拠点事業

強度行動障害

障害福祉課長になってからしばらくの間、私は重症心身障害児者こそが最も重い障害を負っており、お世話をする親御さんのご苦労は大変なものだと思っていた。そのことは間違いではないのだが、親御さんの負担ということでは、もっと大変なケースがあることに気がつかされた。

ある時、自閉症児親の会の皆さんとお会いした。一人のお母さんが「うちの子が重症児のように動かないでいてくれたら、どんなにか楽だろうと思う」と訴えた。車が行き交う道路に突然飛び出す、スーパーマーケットの陳列棚から商品をひっくり返す、電車の中では奇声を上げる。家の中ではトイレに入って二時間も三時間も出てこない、気に入らないと暴れ回って止まらない、物を壊す、糞便をそこらじゅうになすりつける、夜は母親と足を結わえて寝ている。私はお話を聞いて、この世の地獄ではないかと思った。

そんな子を施設にお願いしようとすると、こんな行動障害のある子はうちでは引き受けられないと断られる。施設には専門スタッフもいるし処遇技術の蓄積もある。その施設の利用を断られ、行動障害のある子は無力でなすすべもない一人の母親のもとにとどめられる。

「朋」の日浦美智江施設長に聞いた話。「朋」ですごい行動障害のある子を半日だけ預かった。職員はメガネをもぎ取られたり、かみつかれたりで大変だったようだが、母親に「昼は一人で近くのおそば屋さんでそばを食べてきました。こうしてゆっくり昼食をとったのは、何年ぶりだったでしょうか。おいしゅうございました。ありがとうございました」としみじみと感謝されたそうだ。寝たきりの重症児を見て、「でも、動かないだけ楽ね」と言わざるを得なくなるまで追い込まれた母親の心情を思い、私としてもなんとかしなければならないと思った。

まずは、こういった行動障害が激しい人に名称を付けることから始めた。行動障害があるのは自閉症だけではない。重度の知的障害、精神障害、その他特定できない症例でも行動障害を発する。対策を取る時に、行動障害の原因をうんぬんしていても仕方がない。目の前の事象に焦点をあてる、つまり症状に着目して対策を取らなければならない。そこで、名称はそのものずばりの症状「強度行動障害」とした。単なる名称の問題ではない。自閉症、発達障害、精神障害、重度知的障害というのは、医学的用語というか障害の名称である。強度行動障害は、社会的用語というか障害発現の態様を言っている。強度行動障害がある人としてひとくくりにして対応することができる。問題をそのように捉えて、初めて問題解決に結びつく。

調査研究―弘済学園―

次に、強度行動障害のある人が施設入所できるようにするために、何らかの方策を取らなければならない。強度行動障害について、施設入所において重度加算をつける方法もある。しかし、この方法には難点があり、重度加算を導入する際には、強度行動障害の程度について判定基準が必要となる。その判定基準をクリアしたケースに重度加算がつく。そうなると、施設側としては、判定基準をクリアするケースの中で一番程度が軽いものから入所させるように選択してしまう。これでは、障害程度が最も重い人はいつまでたっても入所できない。最も障害が重い人から救わなければならないのに、強度行動障害支援の目的が達成できない。つまり、重度加算の手法では問題解決には不十分ということである。

こういったことを考慮して、強度行動障害についての調査研究という手法を取ることにした。調査研究をする際に、研究対象として適しているのは、障害が最も重いケースである。研究対象になることによって、その障害者は施設での処遇を受けることができる。こうして最重度の強度行動障害の人とその家族が救済される。

当時は、強度行動障害をどうすれば改善できるのかの方法論は確立されていなかった。方法論の確立は急務であった。そのための調査研究を進めなければならない。調査研究を誰にしてもらうかについては、私の中では既に決まっていた。鉄道弘済会が運営する弘済学園である。神奈川県秦野市にある施設で、私はそれまでに何度か訪問して、強度行動障害の人に対してさまざまな訓練を施している様子を見せてもらっていた。また、学園の飯田雅子園長はじめ職員の方々とのディスカッションも重ねていた。調査研究をやってもらうのは弘済学園しかないと思っていた。

その後、弘済学園は強度行動障害についての厚生省心身障害研究を進め、強度行動障害の支援として、①構造化されたプログラムの確立、②キーパーソン（信頼できる人）を用意すること、③安定した小集団で生活すること、④約束を守る処遇をすること、生活のリズムを整えること、⑤強い刺激を避けた環境を準備すること、⑥言語理解に配慮したコミュニケーションの調整、⑦セルフ・コントロールする力を育てること、といった方策を打ち上げた。弘済学園を上げての調査研究活動はその後も続き、赫々たる成果を上げた。

弘済学園には大変な作業を押しつけてしまったのだが、しっかりとした研究成果を上げていただいた。弘済学園の人たちの使命感もあり、真剣に取り組んでいただいた。強度行動障害の支援について大きく前に進めることができた。一九八九年一月七日、昭和最後の日に、弘済学園で講演したが、聴講する職員の皆さんの目がキラキラ光っていたのを思い出す。飯田雅子さんは、一九九六年に糸賀一雄記念賞を受賞した。

在宅の障害者への適切なサービス

障害福祉の仕事とは、「支援を必要とする障害者に適切なサービスを提供すること」。そのサービスを提供する供給者としては、入所施設が圧倒的な力を持っている。私が障害福祉課長のころは特にそうであった。入所施設は、入所者のみに支援というサービスを提供している。知的障害者についていえば、入所者の何倍もいる在宅の障害者には、入所施設のサービスは及ばない。入所施設の入所者が受けるサービスを百とすれば、在宅の障害者はゼロに近い。これはおかしくないか。不公平ではないか。これが私が抱いた大きな疑問であった。

一方、入所施設が持っている豊富な人的資源、支援機能が入所者にだけ向けられているのはもったいない。それを在宅の知的障害者にも分けて欲しい。ということで、一九八九年度予算で「在宅心身障害児者療育モデル拠点事業」を始めることとした。地域に住む在宅障害者百人程度を登録し、入所型の拠点施設からサービスを受けることができる。入所施設の機能を地域の在宅障害者に広げる。在宅障害者への支援がなされる。施設にとっても、地域に開かれた活動をすることにより、地域との結びつきが強固になる。そんなことを期待しての事業である。今にしてみれば、これは施設のアウトリーチである。

一九八九年度予算では、知的障害者の福祉工場の定員を五十人から二十人に変更することも実現した。先行する身体障害者の福祉工場の定員が五十人だったのにならって、後発の知的障害者の福祉工場の定員も五十人とされていたが、「知的障害者を五十人も集めるのはむずかしい」ということで福祉工場の設置が進まなかった。こういった状況に対応しての定員変更である。

これが、社会福祉法人から高く評価されたのは意外であった。細かいところではあるが、実態に合った仕組みとすることの重要さを学んだ。

障害福祉課長を続けている間にたくさんの出会いがあった。そうやって知り合った人がいろいろなことを教えてくれた。

8　たくさんの出会い

「いわみ福祉会」――室崎富恵――

人を知るというのは、いろいろな形で実現する。人を知る時に、無理やり紹介させるというのもある。障害福祉課には、連日、各県の担当課長たちがやってくる。用向きはまちまちであるが、補助金関係の案件が多い。その際には、地元名物などのおみやげを持参されることもある。私は課長さんたちに「みやげはいらない、みやげ話が欲しい」と言っていた。情報が欲しいという意味である。障害福祉に関しての自慢話、自分のところで独自にやっている事業や人材の在り処を教えてもらいたい。

島根県の課長が来た時に「島根県の障害福祉の人材を教えてください。特別にがんばっている人、自慢したい人はいますか」と聞いてみた。「課長になったばかりなのでわかりません。今度来る時までに調べておきます」と言い残して帰っていった。課長が次に来た時には、「桑の木園の室崎富恵がいます。町の中に障害者の自立生活のための家をたくさん作って、施設からどんどん社会復帰させています」と言って、室崎さんの素晴らしさを誇らしげに語ってくれた。よかった、よかった。私は人材の在り処を知り、彼はこれからの障害福祉の仕事の方向を知ることができた。

私はそれからすぐに島根県金城町まで出かけて桑の木園で室崎さんにお会いし、桑の木園の利用者と職員が一緒になって演じる石見神楽を見せていただいた。室崎さんのほうでは「いい人が来た！」と迎えてくれた。この出会いを契機に、室崎さんは私の支援者になり、また私を「霞ヶ関の王子様」と呼ぶようになった。

室崎さんは、社会福祉法人「いわみ福祉会」の理事長として長い間活動を続けている。当時は、知的障害者入所施設「桑の木園」の運営が中心であった。種痘後脳炎で障害を持つに至った子の母親でもある。母親の立場から、親が真に求める施設作りを目指した。長い間、「私がやらずに誰がやる」と気負い、怒り、ツッパリ続けての十五年という。

お会いした時には、「浅野さんは障害の子どもがあるんでもないのに、どうしてあんなモノの見方ができるんかな。不思議に思っとたんよ」、「浅野さんの書いた本を読んで、私たちが十年も前からやってきたことが間違いでなかったって、とってもうれしかった」と率直に思いを伝えてくれた。

桑の木園など、いわみ福祉会の運営する施設を見せてもらって、利用者のプライバシーと個性が大事にされた、人間味が感じられる施設の居室に感心した。そのことを伝えた時の室崎さんの言葉が印象に残った。「でもねえ、やっぱりどんなやっても施設は施設なんよ。障害がすごく重い子にも、一度でいい、なんとか施設の外での生活を味わわせたいと十年がんばってきたの」。大蔵省の若手エリートである甥に会うたびに、説教するのだそうだ。「国民のことが見えんようになったらいけんのよ。えらい役人になって欲しくない。立派にならんと許さんからね」。その甥っ子は、その後国会議員になり、二〇一七年八月には厚生労働大臣に就任した。加藤勝信さんである。

二〇一八年五月二十三日のこと、NHKのEテレの「ハートネットTV」でフランスのナントで公演する石見神楽の映像を見た。いわみ福祉会の芸能クラブの活動である。衣装を製作するのも、演じるのも障害者が中心。番組が終わって室崎さんに電話した。「見たよ」と言うと、「あらあ、神様が結びつけてくれたんだね。シローちゃんとつながっているということよ」と室崎さんが電話口で元気な声で応える。七十歳の古希を超えた私が、いまだに「シローちゃん」と呼ばれる。これは喜ぶべきことなのだろう。

「おもちゃ図書館財団」――小林るつ子――

おもちゃ図書館は、障害児におもちゃを貸し出すところである。活動の場が限られている障害児にとって、おもちゃを通じて社会と触れることができる貴重な場所である。小林さんは、ある玩具会社のおもちゃコンサルタントとしてデパートのおもちゃ売り場に立っていた。そこで障害児の親から「どんなおもちゃがいいか」との相談をよく受けた。そんな経験を通じて、障害児にとってのおもちゃの重要性を真剣に考えるに至った。イギリスにトイ・ライブラリーなるものがあることを知り、おもちゃを通じて障害児の心身の発達を促すことができるのではないかということがひらめいた。そこで、自宅のある三鷹市に国際障害者年の一九八一年、日本で初めてのおもちゃ図書館を作ってしまう。それからは、「おもちゃ図書館をうちの町でも作りたい」という話が持ち込まれると飛んでいってアドバイスを与え続けた。一九八四年、「おもちゃ図書館財団」の発足を契機に、おもちゃ図書館の活動は全国に広がっていった。小林さんは、おもちゃの図書館全国連絡会の代表をしていた。

「おもちゃ図書館財団」が関わるイベントに私も招かれた。晴海で開催された国際玩具見本市である。勝手に着ぐるみに入って踊っていたが、そこから出てばったり会ったのが小林さんだった。これが初対面だった。別な機会だが、小林さんに東京都台東区駒形にあったモデルルームに連れて行ってもらった。プラスチックボールが一杯入ったプールで私も童心にかえって遊んでみた。身体を動かすのが面白い、楽しい。そこで小林さんに教えてもらったのが、「楽しくなければ続かない」ということだった。障害を持っている子にとってリハビリテーションとか療育というのは楽しくないし、やりたくない。しかし、おもちゃと遊ぶのは楽しいから続けられる。遊びながらの療育のほうがよほど効果がある。療育の専門家には批判されたが、小林さんはひるまなかった。

ボランティア活動としても、おもちゃ図書館での貸し出しの「仕事」はむずかしいものではなく誰にでも気軽にできる。月に数回なら時間的にも負担にならない。しかも、活動を通じて障害児とおもちゃとの素敵な出会いの場面を真近に見ることができる。重い障害を持った子どもが、気に入ったおもちゃを見つけて喜々として遊ぶ様子を見て感動しないボランティアはいないだろう。

小林さんとの付き合いはそれから現在までずっと続いている。その間、おもちゃ図書館財団を離れ、「玩具福祉学会」を始めた。おもちゃを使って高齢者を元気にする活動を広めるのと同時に、学会として学問的に問題を究めるところまで行ってしまった。玩具福祉学会も二十周年を前に幕を下ろすことになったが、その精神と人脈は残る。小林さんが残したものは数限りなくある。

「さをり織り」 ― 城みさを ―

城みさをさんとさをり織り。城みさをさんとの出会いは一九八七年十二月九日の「障害者の日」。東京サンケイホールでの政府主催の記念式典に当時厚生省障害福祉課長の私も出席していた。城さんは記念講演で登場。「面白いおばあちゃんやな、いいこと言うやないか」と感心した。講演後、サンケイホールの壇上では、障害者自身が織ったさをり織りの作品を身に着けたファッションショーが続いた。光GENJIの音楽をバックに、少し恥ずかしげに、しかし誇らしげに、三十人を超える出演者たちは自作自演のショーの主役を演じる。城さんも一緒に手を取り、舞い、踊る。見ている私のメガネが曇って曇って仕方がなかったのを覚えている。

その後、この面白いおばあちゃんのお話を聞く機会が何度もあった。五十七歳でのさをり織りとの出会い、金剛コロニーの重度の知的障害者が織ったさをり織りに衝撃を受けた経験、そのたびに城さんは印象的な言葉を残し、世の中に伝えていく。「障害者と呼ばれる人たちの感性がすごい」、「思いのままに、こだわらず、とらわれずを実践できるのは彼らの才能」、「障害者にならえ」、「教えないのが唯一の教え方」。新米障害福祉課長は就任後早い時期に、城さんから多くのことを学ばせてもらった。

城さんはさをり織りの技術だけでなく、さをり織りの思想も世の中に広めていった。わかりやすく、そして精力的に。経歴も師匠も物欲も持たないおばあちゃんが、夢と情熱と信念を武器に、深い思想を広めていった。すごいことと感嘆するしかない。

一九八九年六月、アメリカ合衆国・ワシントンＤＣのケネディ・センターを主会場にしてＶＳＡＦ（Very Special Arts Festival）の第一回が開催された。一九九二年三月にはＶＳＡＦにならった「とってもおきの芸術祭」が日本初の障害者芸術祭として大阪府で開催された。参加十五カ国、出演・出品千五百点、延べ入場者二万八千人に及ぶ大盛況となった。

私が宮城県知事だった一九九五年には宮城県多賀城市で「とっておきの芸術祭 in 多賀城」が開催された。「とっておきの芸術祭」の開催には城さんが大いに関わっていた。Very Special を「とっておきの」と訳したのも城さんである。Special education を特殊教育と訳するのとはまったく異なる言語感覚であると感心したものである。

城さんは二〇一八年一月、一〇四歳で亡くなった。三月四日大阪市のさをり会館で「城みさをを語る会」が開催された。さをり織りの作品を一人一品持ち寄って三百人以上のさをりの仲間が参加した。会場の壁にはそれらの作品が飾られていた。私と、みさをさんの次男の城英二さんとのトークショーが一時間。

会場から「シローちゃーん」の声がかかった。英二さんによれば、みさをさんが一番かわいい四男坊だというシローちゃんである。会場内には、城さんを通じて知り合った仲間の顔がたくさん見られた。

城みさをさんが障害福祉の世界に残した遺産は数多くある。一番大きいのは、さをり織りを始めた障害者に自信と誇りを持たせたことである。自分が制作したさをり織りの作品が一般の人たちから絶賛されるのは、障害者にとって大きな喜びである。自作のさをり織りを身に着けてのファッションショーに出演した彼らの誇らしげな様子は、私の目に焼き付いている。世間の人たちが障害者を見る目を変えたのも城さんの功績である。

自分の好きなように織る、思いのままに織る、好きな色を使って織る、上手に織ろうと思わない、褒めてもらおうと思わない、そうやってできたさをり織りが高い芸術性を持つ。見る人を感動させる。城さんは、芸術とは何かについて革命を起こした。この点では、アール・ブリュット（生の芸術）に通じるものがある。

「ハローキッズ」 ―佐藤進―

佐藤さんとのなれそめは、こうである。障害福祉課長就任後の早い時期に私から連絡をとって、「本来、私からお訪ねすべきところですが、佐藤さんに霞ヶ関までおいでいただけませんでしょうか。お話をお聞きしたいのです」と言ったところから付き合いが始まった。佐藤さんは精神薄弱者施設長会議の通園部会の役員をしており、私としては通園施設の実際について佐藤さんに教えてもらいたかった。その後、私が東松山市にある施設を訪ね、職員の皆さんとも交流した。子どもたちが通ってくる場面を見たいので、その日は東松山市内の宿に泊まった。

翌朝、障害のある子どもたちが、バス2台でハローキッズにやってくるところを見てびっくりした。自分で歩けない子が多い。重症心身障害児が通ってくるということでは、横浜の「朋」と似たようなところである。もう一つ驚き、感心したのが、職員の方々の働きぶりである。キビキビと、そして楽しげに子どもたちと関わっている。真剣な訓練の中にも笑いがある。訓練の様子を見ているだけで、胸にジーンとくるものがある。真剣勝負の如き気迫が感じられた。

ハローキッズは、埼玉県の比企郡・入間郡の圏域のお母さん方から頼りにされている通園施設である。

保育所や幼稚園に入れない障害児にとっては、療育・訓練を受けることができる得難い場所である。通って来る他の障害児とも仲良くできる。母親たちにとっても、同じような悩みを持つ同士で交流できる貴重なところである。一回見せてもらっただけだが、「いい仕事やってるな」ということは十分に承知できた。

当時のハローキッズは、社会福祉法人青い鳥学園傘下の施設として運営されていた。私が障害福祉課長を辞めてすぐの一九九〇年には青い鳥学園から分離独立して社会福祉法人「昴」が設立された。佐藤さんによれば、設立の目的は、高松鶴吉先生の北九州総合療育センターに範をとって、この地域に中型の療育センターの開設を目指すというものであった。

ハローキッズという通園施設は残しながら、地域で療育の手を必要としている障害児のところに職員を差し向ける事業を開始した。ハローキッズが満杯で通えない、ハローキッズが遠過ぎて通えないが、地域で療育を受けたいという要望に応える形である。市町村の協力、財政的援助も得て、地域の障害児が集まって療育を受ける場の設定も進んだ。障害児やその母親にとって、身近で療育を受けられることには大きなメリットがある。また、職員にとっても、地域の中で療育を行うことで地域の実情を知ることができるだけでなく、自分たちの仕事への手応えを感じられる。

こういったアウトリーチサービスを徐々に拡充する一方で、通園施設ハローキッズは縮小していく。そんなことを十年ほど進めていって、二〇〇三年度末にはハローキッズの閉鎖解体に至る。この過程を佐藤さんは「よい施設」ではなく、障害のある子どもをしっかり受け止める「よい地域」作りへの方向転換と説明する。「よい施設よりよい地域」その言やよし。これによって、障害児を支える地域の底力が試される。

昴は、活動の幅を着々と広げていった。現在は地域福祉に貢献する事業を六種類、二十カ所で展開している。診療所、成人の日中活動、グループホーム、単独型のショートステイ、ホームヘルパー派遣事業、相談支援事業所である。

私が佐藤さんと初めて会ったころは、旧法人からの独立を模索しながら悩み、呻吟《しんぎん》していた。私と出会い、その後のお互いの信頼感と連帯感が、佐藤さんと昴の背中を押し続けることにつながった。あの時の出会いがあったから、その後の充実した幸せな職業人生があると佐藤さんは語る。それは私も同じこと。佐藤進さん、ありがとう。

弁護士　―長谷川泰造―

快男児二人が議論をしている。

「知恵遅れの人の財産をまき上げる魂胆の奴を脅かしてやったんだ。俺を訴えるんなら訴えろってんだ。そうやって裁判にでもして目立つようにしないと、こういった人たちの権利は守られない」

「保護者にだって怒鳴り込んでいく。だけど、精神薄弱といわれる人たちの権利を守っていく武器が我々にはない。それでも闘っていかなければならんと思ってやってる」

快男児Aは弁護士の長谷川泰造、Bはコロニー雲仙の田島良昭理事長である。

「柔道三段と四段、ヤクザ同士の会話みたいだな」と私。長谷川弁護士は続ける。「文明の尺度は、奇声を上げたり、身の回りのこともちゃんとやれない精神薄弱という人たちが街の中にどれだけ出ていって市民の目に触れているかで測れると思う。だまされやすい、つけこまれやすい、こういった障害のある人たちが地域の中でちゃんと暮らしていけるっていう社会には、それを支える人たちとシステムがあるということなんだから」

月に一回、土曜の午後に障害福祉課の分室に十人ほどが集まって障害者の人権問題について語る会での一コマである。「ああ、この人たちは国士だな」と思いつつ、頼もしい目で彼らを見つめてしまう。世の中の人たちが障害福祉の仕事をやっている人に対してどのようなイメージを持っていようとも、彼ら快男児たちがこの仕事の中核にいて活躍していることを、私は疑わない。

以上は、「障害者の人権に関する懇談会」の初期のころの様子を拙著「豊かな福祉社会への助走」（ぶどう社）の「はしがき」から抜き出したものである。

長谷川弁護士との出会いは、私が障害福祉課長に就任してすぐ後の一九八七年十月十七日、おしまコロニー設立二十周年記念フォーラムのパネルディスカションの場である。長谷川弁護士はおしまコロニーの近藤弘子さんの強い薦めでパネリストを務めていた。パネルディスカッションで私が「二十一世紀の福祉は、攻めの福祉だ」などと張り切った発言をしたのを聞いて「本音をズバリと歯に衣を着せずに語る人間がいた。しかも霞ヶ関のキャリア官僚が」と興味をもって近づいてきた。私はその場で彼を仲間に引き入れた。

長谷川さんの次女康子さんは出生時の誤診もあって、重度の脳障害を持っている。その康子さんのためにも、世の中の差別をなくす運動、地域全体を住みやすい環境に再構築する「まほろにー設立運動」をたった一人で進めていた。また、「季刊誌ユニオンポスト」を単独で刊行していた。記事にあった「街に慣れる、街が慣れる」のフレーズは、今や私がもっぱら使わせてもらっている。

それまで一匹狼としてがんばってきた長谷川さんだが、私が仲間に引き入れたことによりさらに大きなパワーを発揮するようになった。仲間から得られる純度の高い最新の情報、そしてその仲間との率直な議論から得るものがとても大きかったと彼は語る。

「人権懇」のメンバーたち

長谷川泰造さん、田島良昭さん、その他数名で「障害者の人権に関する懇談会」（人権懇）が発足したのは、一九八八年二月のことである。めんどうな規則も委員の肩書も参加費も何もない自由な勉強会である。司会は私が務める。障害福祉課の職員も随時加わる。毎回の発表者の人選は私がやり、特に問題がなければ次回からはメンバーとして加わってもらうという方式で進めていった。月に一回、土曜日の午後の開催であり、その後虎ノ門あたりの居酒屋で放課後を過ごすのが定番だった。

埼玉県精神薄弱者更生相談所相談課長の飯野美保子さんをゲスト・スピーカーとして呼んだ時の発表内容はすごかった。「知恵遅れの女性の九割は、何らかの形の性的侵害の被害者になっている」、「遺産相続で、知恵遅れの兄弟にいささかでも遺産が渡るケースは一割もない」、「障害者を首にする必要はない。ちょっと意地悪を仕組めば自分から辞めていく」、「病院で感染の危険のある物の洗濯をやらされるのは、いつも知恵遅れの人たち」などなど、制限時間を倍もオーバーする熱弁だった。この発表からしばらくして、飯野さんは更生相談所を辞めて、「まちのくらしＳ・Ｏ・Ｓ」という電話相談の場を立ち上げた。

国立市障害者センター所長の柴田洋弥さんは、障害者青年学級活動に参加している特殊学級卒業生の青年を連れて人権懇にやってきた。その青年は、錚々《そうそう》たるメンバーの前で社会に出て活躍することの希望を堂々と語った。知的障害者本人が人権懇に登場するのは初めてだった。

少し遅れて人権懇にゲスト・スピーカーで参加し、その後メンバーとして居付いた松友了さん、日本てんかん協会常務理事は、人権懇での討議を聞いて「今最も過激なのは行政なのではなかろうか」と我が目、我が耳を疑ったとのこと。一歩間違うと行政のこれまでの施策の自己否定の危険性さえあると言う。そして、障害福祉は障害者の人間性の尊厳からスタートしており、それは人権と同義語であるはずだと納得するのである。実は、人権懇のメンバーの中で最も過激な発言をする一人が松友さんであった。

人権懇に集うメンバーはすべて、障害者の人権が抑圧されていることに対して怒りを覚えていた。私も同じである。人権懇での議論はそれぞれのメンバーの心の中に怒りがあるから、議論がついつい過激にわたる。怒りは、障害者の人権を抑圧する相手に向けられる。そして相手との闘いの様相を帯びてくる。人権懇全体がその闘いの仕掛け人のようなものかもしれない。

いろいろな立場の人がメンバーになっている人権懇。メンバーの共通項は、障害者への人権抑圧に強い危機感を抱いていること。人権懇を企画・運営するのは行政の一員である障害福祉課長である。行政の一員が、行政サービスの需要者を含む民間人と共闘を組んで共通の敵に立ち向かう。こういった状況は、すべての行政分野を見渡しても、極めて珍しいことである。

障害福祉の分野でこういう形ができるのは、自分たちの敵の存在が明確に意識されているからである。障害者の人権を抑圧する存在はすべて敵だ。その存在を許している人たち、別な言い方をすれば、障害者への人権侵害に無知・無理解である人たち、こういう人たちも不作為ではあるが敵への加担者である。ラグビーの試合で、スクラムを組んで相手と闘っているようなものだ。敵は、障害者の人権を抑圧する存在。スクラムを組んでいるのは障害者本人、その家族、障害福祉の実践者、メディアの人、学者などいろいろな立場の人がいる。私はそこに霞ヶ関の住人として参加している。

こんなイメージを持って仕事をしていると、自分のアイデンティティが変わってくるような気がする。以前は、自己紹介で「厚生省で仕事をしています。部署は障害福祉課です」と言っていたのが、「障害福祉の仕事をしています。霞ヶ関の役人としてやっています」となってしまった。障害福祉の仲間との強い連帯感を感じながらの仕事ということが強調される。

「ぶどう社」―市毛研一郎―

「私の出会った魅力的な人たち」というコラムを、「年金と住宅」に一九八八年五月号から一九八九年三月号まで連載した。障害福祉の仕事を通じて知り合った魅力的な人たちに登場してもらった。私だけが独占しているのはもったいない。多くの人にもこれらの魅力的な人たちを知ってもらいたいという思いがあった。登場順に名前だけ。長谷川泰造、日浦美智江、小林るつ子、村井正直、北浦雅子、岡田喜篤、高松鶴吉、小山内美智子、田島良昭、仲野好雄、城みさをの十一人。この連載は障害福祉課長から社会局生活課長に異動してからも続いた。別の分野の人もいるが障害福祉に関係ある人の名前を上げる。湯浅民子、近藤弘子、佐藤春男、横路孝弘、安積純子、阿部るり子、須田初枝、本間弘子、飯野美保子、江草安彦、室崎富恵、浅田弘義、松友了、佐藤進、光野有次、中澤弘幸、山村忠佐、大熊由紀子、長尾立子、山内豊徳、吉武民樹の二十一人。

こんな連載原稿の執筆は、日曜日にしていた。自宅の近くの喫茶店で書く。今と違ってパソコンに打ち込むのではなく、原稿用紙に万年筆で書き続ける。一軒で終わらず、喫茶店をはしごすることもあった。日曜日は、講演に出向くことも多く、空いている日曜日は執筆で家にいない。幼い娘二人と妻には寂しい思いをさせてしまった。

「さよならだけが人生さ」ではなく、「出会いこそが人生だ」というのが市毛研一郎さんの信条である。その市毛さんが「月刊福祉」連載の初回の文章を読んだのが浅野史郎との出会いだったと語る。「世を挙げて老人福祉、老人福祉と言うが、私はあえて障害福祉こそが福祉の原点だと言いたい」という部分である。

市毛さんは、設立以来一貫して障害者問題をテーマに本作りをしてきたぶどう社の社長である。この文章を読んで我が意を得たりと思ったとのこと。出会ったのは文章に出会ったのであって、実際に私と会った時の印象はさほど深いものではなかったらしい。

次の出会いは、一九八八年十月、埼玉県嵐山町にある国立婦人教育会館（現・国立女性教育会館）で開催された地域福祉研究会議で私が講演をした時のことである。その講演では、施設福祉から地域福祉への流れの中でやるべきこと、行政に求められることについて語った。市毛さんはこの講演を聴いて「これは思っていたよりもずっとマジメな人で、面白そうな人だ」と思ったという。そして、この人の本を絶対に作るぞと、市毛さんはその場で決めた。

この日の研究会議は泊まりがけである。懇親会の後で市毛さんは私に迫った。「現職を辞めてから本を出しても何の意味もない。それでは自分の言葉に責任が取れないではないか」と口説かれた。熱意に煽られて、本を出してもいいかなと思ったが、ここまでに二本の連載原稿といくつかの講演をまとめた文章しかない私としては、こんなんで本なんて出せんのかよと思っていた。市毛さんはすっかりその気になってしまった。しかも、翌年の春、一九八九年四月には出版したいと意気込んでいる。

この場には、嵐山が地元の佐藤進さんも同席していた。佐藤さんも交えて、本の名前をどうしようかということになって、いろいろ案が出された。その場では決まらなかったが、翌朝には「豊かな福祉社会への助走」でいこうということになった。「助走」を使ったのは、当時、毎朝のジョギングを日課としており、「走」の字を入れたかったから。一九八九年四月十日に出版された。私にとって初めての本である。それだけで感無量であり、立派な本に仕上げてもらった市毛さんには感謝しかない。

「豊かな福祉社会への助走」は三部からなっている。Ⅰ「障害福祉の今日を考える」は「月刊福祉」の連載記事、Ⅱ「障害福祉の明日を語る」は各種講演である。内訳は、一、重症児こそ私の原点―第二十五回全国重症心身障害児者を守る会全国大会（一九八八年六月）、二、今、施設に求められているもの―一九八八年度全国精神薄弱施設長会議（一九八八年五月）、三、障害福祉の仕事に携わる者として―各種研修会にて、四、施設福祉から地域福祉へ―第九回心身障害児者地域福祉研究会議（一九八八年十月）

＋宮崎県におけるグループホームの講演（一九八九年二月）。一九八九年二月の講演も収録されている。出版の二カ月前のものである。この短期間で出版にまで持っていった。市毛さんがどれだけがんばったのか、改めて感動している。

出来上がった本のあとがきには、私の率直な思いが残っているので、一部引用してみたい。

「一冊の本になった自分の文章と講演とを改めて読み返していると、いろいろ気になるところがあるものだ。押しつけがましい、いいカッコしすぎ、我田引水などなど。にもかかわらず、こうして出版するに任せてしまったのは、そんな欠点やイヤミがあったとしても、今、伝えなければならないメッセージがあるという思いのほうが勝ってしまったからである。

障害福祉課長の職にあるままで、障害福祉についての本を出すことにも若干のとまどいはあった。

「だからこそ意味があるんじゃないか」と言って鼓舞してくれたのが高松鶴吉先生である。「浅野の本の出版を機に、障害福祉の仕事に就いて熱き思いをもつ面々で結集して、次の時代の展望を開こうじゃないか」ともおっしゃってくださった。

そんなふうな形でも、私の本の出版が期待されているのであれば、私としても「やってみたい」という気持ちになってしまう。そう決心してしまえば、あとの作業はあまり心配する必要はなかった。ぶどう社主宰の市毛研一郎さんが、あまりおいしくもない材料からそれなりの見栄えのする料理へと、たくみな包丁さばきを見せてくれたからである。

障害福祉の仕事への思いをストレートに表現することは、私には良い効果をもたらしている。モヤモヤした考えをまとめることができる。こんなカッコいいことを言っちゃったら手は抜けないなど、我が身を律することにもつながる。また、間違ったトンチンカンなことを言い出したら、周りにちゃんと注意していただけるだろう。それも、自分の考えを「外の目」にさらすことの効果だろうと考えている。」

「北九州市立総合療育センター」――高松鶴吉――

私にとって初めての著作、世の中にどう受け止められるのかとても気になっていた。売れ行きも心配だった。その後、何人かの障害福祉関係者から好意的な反応をいただいたので、少し安心した。「浅野の本の出版を機に、障害福祉の仕事に就いて熱き思いを持つ面々で結集して、次の時代の展望を開こうじゃないか」という高松鶴吉先生からの誘いがあった。

高松鶴吉先生との出会いは、こちらからの押しかけである。北海道で福祉課長をしていた時、「もうひとつのカルテ」（ぶどう社）という本を読んだ。北九州市立総合療育センターの所長として障害児療育に心血を注ぐ整形外科医が、週二回「厚生福祉」に連載した八百字ほどのコラム二百五十余篇を集めたものである。障害福祉の仕事を進めるに当たっての原点を示した名著である。文章も見事で文学的感動を呼び起こす。読んでいて何度も涙を流してしまった。

それ以来、著者の高松鶴吉さんは私の憧れの人となり、北九州市の療育センターは聖地となった。北海道時代には実現しなかった聖地巡礼は、障害福祉課長就任二カ月の一九八七年十一月に実現した。この時は憧れの高松先生のご案内で療育センターをじっくり見せてもらった。障害児の療育はこうやってやるものだまではわからないまでも、療育のこころのようなものは理解することができた。

よし、出版記念パーティを開いて、大勢の仲間を集めてワイワイ騒ごう。もともとがパーティ好きの私の胸が躍る。出版パーティの企画・制作は佐藤進園長にやってもらうことにした。

出版パーティは、一九八九年四月二十八日（金）に開催、タイトルは「浅野史郎の出版を記念する会――出会い・語らい・明日への助走」、会場は東京・日比谷のプレスセンタービル、とだけ決めて、あとは佐藤さんに任せっきり。当日の受付などの庶務は、佐藤さんの施設の職員の人たちに手伝ってもらった。「出会い・語らい・明日への助走」の言葉は、以後、いろいろな場面で何度も使わせてもらった。とてもいいフレーズだと思う。

パーティは、高松鶴吉先生の挨拶から始まった。高松先生が北九州から羽田までの飛行機の中で走り書きしたという原稿を読み上げた。


「君が長く我々の友で在り続けることを」　高松鶴吉

ミリョク的だわと女性はいうが、水もしたたるという程ではない。

愛想のいい人とはトテモ言えない。

タバコを止め、酒を自制し、毎朝ジョギングをしているという。意志が強い奴だ、だからダラシナイ男たちには、それだけ可愛気がない。

話に聞くとストレートで東大に入り、まっすぐ厚生省のキャリアとなったそうだ。ウロウロと挫折を重ねた人々にとっては、この経歴もチト気に入らぬではないか。それなのに、である。こんなに多くの人々が彼を好きだという。不思議なことである。

彼の評判のよさは、「話をよく聞いてくれる」ことだと人はいう。

「こんなに真剣に話を聞いてくれた課長は初めてだ」

涙を見せて感激した人もいると聞く。

「ただ、それだけなのに」と、君ははじらいを見せるが、共感がなくて何で真剣に、熱っぽさが先行する私たちの話を聞くことができるだろう。

「ああ、この男は私たちの仲間なんだ。私たちと同質の男なのだ。役目としてではなく、正に人間として、この仕事に取り組んでくれる人なのだ」

就任以来、君ほど国中を駆け回り、数多くの現場を見、数多くの人々の話に耳を傾け、障害を持った人、その親、その関係者たちと肚を割って議論をした、障害福祉の課長を私たちは知らない。
「今からの障害福祉こそが二十一世紀のわが国の基本をつくる」
この、君の言やまことによし。
億単位の札束に惑う、憂うべきわが国の未来に光を与えるのは、
私たちをおいて外にはないと思い定めよう。
障害に深く関わる人々がその心底に悟る、人生とは何か、親とは何か、子とは何か、
夫婦とは、家庭とは何か、そして医療とは、教育とは、社会とは、
さらに政治とは一体何であるのかを、世の人々に放射せねばならぬ
世の定めに従い、君はやがて異動していく。
だが、君が長く我々の友で在り続け、障害福祉の精神を心に燃やし続けることを、
私たちは深く深く希望し、期待するものである。
ご挨拶の機会を得、我々共通の思いを述べて、
君への感謝とお祝いの言葉としたい。

素晴らしい挨拶である。私への褒め言葉には気恥ずかしい限りであるが、むしろ会場に集まった仲間たちへの力強い連帯の挨拶として聴いていた。そして、この出版記念会が、高松先生の檄に応じて、同じ志を持った同士の勢力の結団式の場になると確信した。

三百人を超える人たちが全国各地から集まった。全員が障害福祉に関わる人である。中には初めてお会いする方もいる。それが三百人超。まさに壮観である。熱気を感じる。パーティは盛会裡に終わった。

このパーティで初めて逢って縁ができ、その後新しい関係がいくつもできたということを知ったのは、だいぶ経ってからのことである。そうか、パーティは仲間を増やすことにつながるのだ。障害福祉についての新しい人の輪が広がる。パーティにはそういう効用もあることに気がつき、私のパーティ好きはもう一段階上がった。

9　一年九カ月

障害福祉課長を辞める日

出版パーティから二カ月が過ぎ、障害福祉課長を辞める日が来た。一九八九年六月二十七日、私は障害福祉課長から社会局生活課長に異動した。在職期間は一年九カ月。覚悟はしていたが、無念ではあった。その気持ちが異動を知らせる挨拶状の文面ににじみ出ている。

人の命に限りがあるように、役人の任期にも終わりがあります。まして平均寿命一年数カ月の障害福祉課長の職です。就任の瞬間からこの日を覚悟していたつもりです。

六月二十七日付けで障害福祉課長の職を辞しました。「障害福祉は社会を変える」と素直に信じた一年九カ月です。障害福祉の流れを変えられる確かな手応えも感じつつありました。全力疾走したつもりでしたが助走距離はあまりに短く、飛翔までいかなかったのが残念です。

しかし、素晴らしい仲間に囲まれ、行政官としての私の水平線を広げてくれた貴重な期間と言えます。いずれ別れが来ることを知るがゆえになおのこと燃える逢瀬の如く、一日一日をいつくしむように過ごしました。「いいな、いいな。いつまでも障害福祉の仕事を続けられる人はいいな」とうらやみ、役人の宿命を嘆くのです。

「はやてのように現われて、はやてのように去っていく」ひっかき回すだけの存在だったのではないかとの反省もあります。「きっとまた戻ってきます」と申し上げつつ一時お別れすることにいたします。

これとは別に、「障害福祉課長を辞するの弁」を「月刊福祉」の平成元年九月号に寄稿した。

六月二十七日付けで、厚生省児童家庭局障害福祉課長から社会局生活課長に配置換えになった。この原稿を書いているのは、人事異動から一週間ちょっとという時点であり、正直に言うと茫然自失といったありさまである。「夢ではないか、神の存在を信じたくなる」との思いで障害福祉課長のポストに就けていただいてから一年九カ月、毎日毎日、まことに楽しく、充実した月日であった。これまでの例からいって、二年以上やれるとは思っていなかったが、「ひょっとしたら三年やれるのでは」との期待も捨てきれなかったものだから、異動はやはりショックではあった。「役人は、身体は許しても心は許してはいけないなりわいなのかな。全身全霊で惚れるとこんなに別れがつらいなら、もう真剣な恋愛はできないとあきらめるのがいいのかな」などと、まだ未練ごころを引きずっている。

障害福祉課長であった一年九カ月、仕事上のストレスはゼロであった。障害福祉の仕事そのものが魅力に富んだものであったことが理由の一番であるが、加えて、長尾立子局長という理解ある上司と、私の気まぐれとわがままに文句一つ言わずに支えてくれた障害福祉課の職員に恵まれたことが大きい。

とっつきにくい外見と傲慢で図々しい第一印象にもかかわらず、一回では見放さず付き合ってくださった人たちに、たくさんのことを教えてもらった。実に気持ちの良い仲間たちであった。一年九カ月の間に、自分ながら驚くほど多くの人たちを知ることができた。これから一生続く、目減りのしない私の財産である。

障害福祉課長になった日から

障害福祉課長になったことを喜び、就任の日から覚悟を決めて全力で走り始めたのは、その前に一九八五年四月から二年間、北海道庁での障害福祉の仕事の経験があったからである。

北海道でまずやったことは、障害者のことを知ること、理解することであった。障害者が何を望んでいるか、何をしたいと考えているのか、できるだけ知ろうとした。そのために、福祉の現場に行ったり、関係者の話を聞いたり、取材に務めた。その際には、役人の目で見ようとしていたような気がする。「これは自分の仕事として何をすべきなのか見極めるための作業だ」と思い定めていた。また、北海道で障害福祉における先進的な試みを実践している人たちと知り合ったことも貴重な経験だった。

こういった経験を積んで残されたのは、仕事のやり方というよりは、障害福祉についての発想だった。「障害者はかわいそう」というところからではなく、障害を持っていてもなんとか「ふつうの生活」を送ることができる条件を整備することこそが必要であるとの思いは、北海道での二年間を通じて揺るぎのないものになっていた。本省の障害福祉課長になればこの思いを施策として実現することができると思えたからこそ、障害福祉課長就任に身体の震えるような興奮を覚えたのである。二年間の北海道庁勤務のあとすぐの厚生省障害福祉課長就任は、タイミングとしてまことに絶妙なものであった。

障害福祉の仕事をしていく上で強く意識したのは、障害福祉課長のポストの「有難味」である。「厚生省障害福祉課長です」と言って関係者にものごとを頼むと、大体聞いていただける。「〇〇について教えてください」と電話で頼むと、相手方は「私が厚生省に参ります」と言ってくれる。仕事に就いては、自分ですべて決断して進めることができる。課長補佐ではそうはいかない。

課長より局長のほうが大きな仕事ができるのではないかという人もいるが、そうではない。私の上司である児童家庭局長は障害福祉だけでなく、児童福祉、保育、母子保健なども担当している。障害福祉だけやれる課長のほうがずっといい。私の場合、長尾立子さんが上司だったが、長尾局長は「浅野さんは自由にやってください。責任は私が取ります」という太っ腹、頼れる上司だったから、仕事がとてもやりやすかった。

障害福祉課長は霞ヶ関にいる何百人の課長の中で、最もストレスのないポストだと思う。「私は一〇〇％障害者の味方です」と言って仕事をしても、誰も文句は言わない。老人福祉課長ならそうはいかない。「私は一〇〇％老人の味方です」と言ったら、一部からひんしゅくを買うおそれがある。

障害福祉の新しい施策を始めるのに、法律改正はいらない。大蔵省から予算を取ってくればできてしまう。これも、障害福祉課長のポストの有難味の一つに加えていいだろう。障害福祉課長のポストにいると、やろうと思えばやりたいことはなんでもできる。そんな思いから、自分には全能感があると思っていたが、これは決して誇大妄想ではなかった。

障害福祉課長として、私が気にかけていたのが「地域、人権、ふつうの生活」の三題話である。念頭にあったのは、知的障害者入所施設の入所者のことである。施設での生活はふつうの生活ではない。重度の障害者であっても、ふつうの生活を送りたいと望んでいるのに、施設ではそれができない。ふつうの生活は、ふつうの場所、つまり地域の中でしか送れない。知的障害者に地域でふつうの生活を送ってもらうために必要な支援をする体制を整備するのが行政の仕事である。

浅野課長「追悼集」

障害福祉課長を異動になって落ち込んだが、私以上に落ち込んだのが佐藤進さんだった。佐藤さんは厚生省の幹部に私の助命嘆願書を出していたが、それが叶わなかったのもショックだったようだ。私は佐藤さんを慰めるつもりで、「浅野辞任をイベントにしよう」と提案した。

辞任の日から四十九日後に四十九日の法要を営もう。辞任を悼む仲間に集まってもらう。その人たちを後任の吉武民樹さんに引き継ぐ場にしたい。この機会に「追悼集」を出そう。掲載料執筆者負担。法要に香典はつきものである。このイベント企画のおかげで、佐藤さんは元気を回復した。

文集作成委員会が編集にあたってくださった。世話人は、松友了、佐藤進、市毛研一郎の三氏、制作はぶどう社。こうして追悼文集「出会い、語らい、明日への助走──障害福祉への熱き想い」が完成した。掲載料自分持ちの同人誌方式で七十人が原稿を寄せてくれた百八頁の文集。

文集のすべてを紹介したいところだが、ここでは文集冒頭の佐藤進さんの謝辞のみとする。

この度、浅野さんが障害福祉課長から社会局生活課長に異動されました。思えば、一九八七年九月の着任以来、一年九カ月という短い期間ではありましたが、浅野さんと共に障害福祉に心を馳せる私たちが共有した月日は、何かが始まろうとする予感と何ができるかを求め続ける緊張感に満ちたスリリングな日々でさえありました。

浅野さんは障害者問題へのこだわりを、行政マンとしてだけではなく、自らの生きざまの原点とすることを、何のてらいもなく表明し続けました。そして、そのエネルギッシュな行動によって、思いを同じくする人々を爽やかに励まし続けました。そんな浅野さんがともした灯火をかかげながら、私たちの新しい嶺に挑もうとする勇気と決意は、沸々とたぎることはあっても、決してひるむことはないでしょう。もとより、彼自身がその意を誰よりも強く持っていることは明らかです。

浅野さんの異動というこの時期であればこそ、彼が「押し花にしておきたい」と語るほどに、私たちにとっても貴重な日々の思いを自らの言葉に変えて、それぞれに今後への決意を寄せ合うアンソロジーを編み、彼への感謝と連帯を込めた、しばしの別れの挨拶にしたいと思います。

この追悼文集は、私にとってとてもありがたい貴重なものである。私の本物の葬儀の際にはお棺に入れてもらいたいと本気で思っている。

10　アメニティーフォーラム

「平成桃太郎の会」

障害福祉課長を辞めてからは、障害福祉の仕事からは離れた立場にいた。次のポストの社会局生活課長のカバーする仕事の中に消費生活協同組合（生協）があり、タイミングとしては生協が住民参加型の福祉サービスを始めたばかりのところに居合わせた。障害福祉とも少しは関わりがあるので、行政として興味を持って関わったことはあった。その次のポストは厚生年金基金連合会の年金部長、障害福祉とはまるっきり縁がない。厚生労働省に戻って就任した生活衛生局企画課長のポストも障害福祉とは関わりがない。この「空白の期間」に、「昔の名前で出ています」的に、障害福祉についての講演を頼まれることはあるが、口先だけの活動には限界がある。そんな中に、新しい動きが出てきた。

平成五年、私が障害福祉課長から数えて三つ目のポストである厚生省生活衛生局企画課長のころ、北岡賢剛、福岡寿、田中正博、曽根直樹という血気盛んな三十代が、地域福祉について飲みながら盛り上がる小さな集まりを重ねていた。北岡さんは滋賀県の「信楽青年寮」で活躍し、映画「信楽から吹いてくる風」の制作にも関わっていた。北岡さん、田中さん、曽根さん、いずれも地域福祉を進める若手トップランナーである。その中心に祭り上げられたのが佐藤進さん。会の名称は「平成桃太郎の会」とされた。

平成五年九月、彼らは東京代々木の青年会館で「平成桃太郎の会設立総会」を開いた。浅野史郎、吉武民樹、田中耕太郎という歴代障害福祉課長もゲストとして出席した。平成桃太郎の会の名前の由来は、障害者の人権に無頓着で、入所施設にこだわっている人たちを「鬼」に見立てて、桃太郎を先頭にして各地に巣食う鬼退治をやろうということ。

その後のこの会の活動は目覚ましい。各地で巡業フォーラムを開催する。自治体や福祉施設の職員たちが集まり、基調講演には今が旬の学者や行政官、シンポジウムでは地元の人たちが実践報告をするという形。全国集会は大津市のプリンスホテルを会場に泊まりがけで大々的に開催する。知的障害者の地域移行をメインテーマに、最新の情報満載の実践報告など、レベルの高い議論が展開される。千人規模の参加者にとっては、またとない研修の機会である。その後、「平成桃太郎の会」では上司から出張の許可が出ないという苦情が相次ぎ、名称を「アメニティーフォーラム」に改めた。

アメニティーフォーラムは、二〇一八年二月の開催で二十二回目を迎えた。参加者は千五百人を超え、障害福祉関係では我が国最大、最良のフォーラムになっている。百名を超える講師陣は地域で実践している人、行政官、国会議員、知事、市長、学者、ジャーナリストなど幅広い。初期のころから行政官が講師として参加していたのが、アメニティーフォーラムの特色であった。ロビーで行われるポスターセッションでは、全国各地のグループとの交流の場となっている。

アメニティーフォーラムに参加するたびに、すごいなあと感心する。すごいのは規模と中身だけではない。役人が現場の実践家と同じ舞台に立っているのが当たり前になっているのがすごい。昔は、現職の行政官がこういったフォーラムに出て行くというのには、役所的に抵抗があった。今や、役人がどんどん出ていき、フォーラムに呼ばれない役人のほうが肩身が狭いと感じるほどになった。民間と役所とのコラボレーションが自然にできている。役人が舞台にしゃしゃり出てくる先鞭をつけたものとして、こういった風景が当たり前になっていることがとてもうれしい。

アール・ブリュット

アール・ブリュットは、日本語では「生（き）の芸術」と訳されている。知的障害者など芸術について専門的に学んでいない素人が、自由に制作する芸術品のことである。日本でアール・ブリュットに初めて目をつけたのは北岡さんである。

きっかけは実に単純なこと。北岡さんは信楽青年寮で利用者が作った陶芸作品の売り込みに挑戦していた。利用者は、「コップを作れ」と言うと丸いダンゴのようなものにしてしまう。花瓶と称して底のないものを持ってくる。どこから飲むのかわからないようなコーヒーカップを作ってくる。そんな不出来の作品群が絵本作家の田島征三さんの目に止まり、「これ東京に持って行ったら千五百円で売れるよ」と言われた。北岡さんは、障害者の作品の可能性に気がついた。田島征三さんは作品を見て、「俺たちは勝てない」とつぶやいた。

この話を北岡さんから聞いて、私は城みさをさんのさをり織りを思い出した。城さんが養護学校を訪れた時、養護学校の先生から生徒が織ったさをり織りを見せられた。先生は失敗作だと言う。城さんは作品を手に取って、「すごい、すごい」とものすごく感動した。ここから城さんの知的障害者との活動が始まった。「知的障害のある彼らが、思いのままに、こだわらず、とらわれずを実践できるのは彼らの才能」、「神様からもらった純粋さ、無欲なところを持ち続けている」と語っていた。

北岡さんは、青年寮の人たちの作品が外国ではどう評価されるのか知りたくて、スイスのローザンヌにある「アール・ブリュット・コレクション」という美術館に作品と図録を持って出かけ、ローザンヌの美術館の作品と日本の作品を一緒に並べる展覧会を日本で開催する。二〇一〇年には、フランスのパリの美術館で九カ月間にわたり日本のアール・ブリュット展覧会を開催し十二万人を集めた。その後、日本の公立美術館七カ所で巡回展として開催した。アール・ブリュットが日本でも理解を得られるようになり、運動としても広がりをみせるようになった。北岡さんの情熱と巧みな仕掛けがもたらした成果と言っていいだろう。

アール・ブリュットは、芸術が障害者を変えるだけでなく、障害者が芸術を変えるということをもたらした画期的な事象である。もっと大きな意義として、一般の人が障害者を見る目を変えたということがある。アール・ブリュットの作家として、確実な収入の道を確保することも期待されるが、障害者本人たちは評価されるために作っているわけではない。売ってお金を稼ごうという気などまったくない。彼らにとっては、描いている過程を楽しんでいるだけで、作品がその後どうなるかには関心がない。こういうところがアール・ブリュットの魅力につながると私には思える。無限の可能性を秘めている。これまでの障害福祉の何かを変え、さらに世の中の何かを変える。期待するところ大である。

そして、アール・ブリュットを日本で広めることに成功した北岡さんたちの柔軟な発想と行動。彼らは、障害福祉の世界に大きな変化をもたらすだろう。こちらにも、期待するところが大きい。

第2部

知事篇

3章

宮城県知事時代

1　知事選挙に出馬・当選

公約代わりの自己紹介

障害福祉課長を辞めて三年半後の一九九三年十一月、私はふるさと宮城県の知事に就任した。その経緯は省略するが、田島良昭さんがいなければ、知事選挙に出馬することもなかったし、当選することもなかったことだけは確かである。

知事選挙告示日の三日前に厚生大臣に辞表を提出して、二十三年七カ月勤めた厚生省を辞め、宮城県知事選挙に出馬した。出馬を勧めたのは田島さんである。選挙を前にして、金なし、時間なし、知名度なし、応援なしの何もなし状態。その中で、お金に関しては、北海道時代と厚生省時代に知り合った仲間から千六百万円ほどの寄付が集まった。実際、選挙費用はこれで十分間に合った。高松鶴吉さんが代表、市毛研一郎さんが事務局で急遽立ち上げられた「夢ネットワーク」が皆さんから寄付を募った。障害福祉関係が多く、その他婦人保護、生協そして資金運用関係も。

知事選では公約を作る余裕すらない状況だった。公約ではないが、出馬の前にまとめた自己紹介のようなものがある。そこから一部抜粋してみる。

○本籍地は福祉 ― 「もっとも生きる力が弱い人にとって住みやすいところは、すべての人にとっても住みやすい」という信念　このことを「福祉」と呼べば、その福祉こそが私の本籍地である

○ネットワーク作りが身上 ― ヒーロー、カリスマというよりは、たばね役、個々の才能と活動を引き出し、他と結びつけることによって何者かを生み出す役割を得意とする

○生活者重視 ― 生活者、ないしは消費者に視点を置いて考える。厚生省での仕事の中で障害福祉、生協との付き合い、婦人保護など生活者重視を学ぶ実地の場であった

いずれも、障害福祉をはじめとする厚生省での経験が元になっている。

知事選は素人の集まりで戦ったドタバタの極致のようなものだったが、二十九万票対二十万票の大差で勝ってしまった。一九九三年十一月二十二日、宮城県知事に就任。

計画中止

知事になってすぐに、各部から所管事項説明があった。保健福祉部の説明で保健・医療・福祉中核施設群構想のことを知らされた。仙台から北に三十五キロ、八十ヘクタールの土地に、複数の居住型施設を新設又は移設するという計画である。肢体不自由児施設（百十人）、重症心身障害児施設（五十人）、身体障害者療護施設（百人）、重度身体障害者更生施設（五十人）、老人保健施設（百人）が対象となる。

席上私は、「これはノーマライゼーションの理念に逆行する計画だ。これを二十一世紀の宮城の福祉を象徴するものと認めることはできない」と力説した。部長からは、「議会の承認を受けている計画です。ここで中止にすることはできません」と解説があった。列車は動き出しているので、止めるわけにはいかないということだろう。何度かやり取りはあったが、私としては心が残りながらも、「どうしようもないか」とあきらめた。

その「あきらめ」が、「やっぱりだめだ」に変わったのは、翌年の四月のある日の朝のこと。いつもの早朝ジョギングを終えて、朝シャンをしている手が止まった。「やめよう」と思った。中核施設群の完成を祝う式典で式辞を述べる自分の姿が頭に浮かんだ。式典に列席する昔の障害福祉の仲間同士が言い交わす声が聞こえてきた。「これ、浅野さんの理想とは全然違うよね。どうしちゃったのだろう、恥ずかしいな」。このまいったら、こういう日は絶対にやってくる。「やっぱりやめよう」と決めた。

その年の十月県議会で「計画中止」を表明してからは、激しい反対の声が上がったが、考えを押し通した。これが通らなければ、私が知事をやっている意味はないとも思い詰めた。その後、曲折はあったが、中核施設群計画は中止となった。県議会では、ノーマライゼーションについて意見が飛び交うという珍しい光景も見られた。これは知事になって一年目に経験した「大事件」であった。

百人委員会

通常業務では、知事として最初の予算の目玉として「みやぎの福祉を考える百人委員会」を発足させた。高齢福祉、障害福祉、児童福祉、保健医療の四部会を設け、県内、県外五十人ずつの委員を選ぶ。六十歳未満、女性が半数、福祉サービスの利用者側の委員を多くする、委員会はすべて公開、全体会の座長は私が務める。キーワードは地域福祉、利用者中心。

百人委員会での議論から、宮城の福祉の新しい方向性が見えてくることが期待された。具体的に新しい施策が提起されることもあるだろう。それに加えて、県庁内の関係職員の意識変革をもたらしたいと考えた。福祉に関する百人分のデータベースができたようなもので、職員は必要なら百人の専門家に直接教えを請うこともできる。一九九四年四月二十八日、第一回の百人委員会、委員の出席率は期待以上に高かった。最終回の第四回会合は四つの部会合計で出席率八五％、四回皆勤賞は六十人である。傍聴者は毎回百人前後と盛況だった。

大変だったのは、担当の保健福祉部の職員である。県外委員のところに直接出向いて現地で教えを受けなさい、「百人委員会新聞」を毎月発行し委員に配布しなさい、委員からご意見を送っていただき、その意見を他の委員に配布しなさいと命じた。職員は、その他に、部会開催の日程調整、資料作成、会場設定と忙殺された。私からは「すごい実績と見識の委員の方々と直接わたりあう仕事ができるのだから面白いだろう、ネットワークもできるだろう。ありがたいと思いなさい」と諭しておいた。私の言う「義務ベースの仕事か、権利ベースの仕事か」で、これは権利ベースの仕事なんだよと言っているつもり。

年末になって、百人委員会が終了した。充実した、中身の濃い議論が展開された。各部会からは詳細な報告書が提出された。当初の目的の県庁職員の意識改革も達成された。情報のシャワーを浴び、元気で魅力的な委員を知ったことにより、福祉の仕事がこんなにも面白いのか、こんな仕事のやり方があったのかということに、関わった職員が皆気がついたのである。

これだけの成果を上げた百人委員会、委員会の進め方は大きく変えて、翌年度も継続することにした。

2　共に学ぶ教育

進める第一歩

知事の仕事は課長の仕事とだいぶ違う。本省であろうと県庁であろうと、障害福祉課長の仕事は障害福祉のことだけである。その分野のことを深く掘り下げる、その分野のすべてをカバーする。こういう仕事の仕方を「something について everything」と言うとしたら、知事の仕事の仕方は「everything について something」ということになる。知事は、県が所管するすべての行政分野のそれぞれについて少しだけ関わる。知事が障害福祉にかける時間や労力はどうしても限られてしまう。そんな中でも、障害福祉への関心は持ち続けた。今までできなかったことを、やってみようと自分に言い聞かせていた。その一つが「共に学ぶ教育」である。

ある日の知事室。小林厚子さんとの面談がセットされた。小林さんはダウン症の息子さんを持つ石巻市在住の方。息子の和樹君の高校入学についてお願いがあるという。こういう個人的案件で知事との面談がセットされるのは珍しい。秘書課長の配慮だったかもしれない。

和樹君は小学校、中学校では普通学級で学んでいた。高校も普通校に行きたくて、県立飯野川高校十三浜分校を受験したが不合格となった。母親の小林厚子さんが言うには、和樹君より点数が低い子が合格しているのにおかしいとのこと。校長に文句をつけに行って、「和樹がダウン症だから不合格にしたのか」と訊いたら、「そうです。今までダウン症の生徒はいなかったので不安だったから」との返答。正直と言えば、正直過ぎるほどの校長である。「知事、これっておかしいでしょ」と私に伝えるのが小林さんの訪問目的。この件は、私が校長に圧力をかけるまでもなく、翌年、再び受験した和樹君が合格という形で解決をみた。小林厚子さんとのつながりが、この件をきっかけにできたのが大きかった。和樹君のその後も知ることができた。飯野川高校を卒業して、石巻専修大学経営学部に進学した。二〇一三年三月には、ニューヨークの国連本部での「世界ダウン症の日記念会議」で英語のスピーチをした。現在は、仙台市内の洋菓子店で働いている。

和樹君の小学校入学時に、就学指導委員会の場で小林さんは養護学校入学を勧められた。「養護学校では、少人数の学級で障害児教育専門の教師が、障害児それぞれの障害程度に合わせた教育をしている。普通学級ではいじめにあうこともあるのに、こんな恵まれた教育環境の養護学校に何故行かないのか」。

小林さんは反論した。「そんなに養護学校がいいのなら、うちの子が死ぬまでそんな待遇をしてください。養護学校を卒業したら、そんないい待遇のない地域に戻されます。健常者との付き合い方も、そこから始まるのでしょう。だったら、小学校から健常児と同じ教室で学んだほうが、よほどいいのではないでしょうか」。なんとわかりやすい反論だろう。

「共に学ぶ教育」は、障害福祉課長のころから関心事ではあった。北海道庁時代には、「障害児教育を特殊教育と呼ぶのはおかしくないか」という観点から、障害児教育に関心を持っていた。小林さんの話を聞き、和樹君のことを知ることで、知事としても「共に学ぶ教育」について改めて考えなければならないと思うようになった。

「障害児は養護学校で教育を受けるのが原則」というのが、文部科学省の考え方である。私としては「障害児なら、まずは養護学校」との決めつけに疑問を感じていた。障害児を持つ親が、自分の子を地域の学校で学ばせたいとお願いしているのを、親の見栄、わがまま、親の無知と突き放してはならない。

障害児を普通学級で受け入れるとなると、先生一人では負担が重い。だったら、補助教員をつければいい。補助教員がいれば障害児の受け入れは可能である。「障害児を受け入れる普通学級に補助教員をつける」といった施策を実施したい。宮城県の教育の中で「共に学ぶ教育」を進める第一歩となるだろう。

大阪府大東市「障害児教育基本方針」―山本和儀

一九九八年十一月、塩釜保健所の主催による「地域リハビリテーションを語る集い」があり、そこで大阪府大東市からいらっしゃった山本和儀さんの対談の相手をさせてもらった。山本さんは大東市の職員として二十五年間、リハビリテーション一筋の仕事をしていた。「市役所に入ったのは障害児の統合教育を実現したかったから」という山本さんにとっては、障害を持った子どもを受け入れない校区の学校は我慢ならない存在だった。ある学校の教師と連携して、改革に取り組む。一九七三年のことである。一つひとつ実績を積み重ねていって、一九七九年には大東市教育委員会は「障害児教育基本方針」を決定するに至る。この基本方針は、障害児の教育を受ける権利を保障し、障害児がそれぞれの校区の学校に就学するのが望ましいと宣言している。

一九七九年は障害児教育が義務化された年である。しかし、その基本は分離教育であった。障害を持つ児童・生徒のためには、特別の学校を用意するので、基本的に障害児はそこでの教育を受けることが望ましいということである。大東市の教育委員会では、その同じ年に統合教育の方針を決定している。対照的であり、まことに象徴的なことである。

山本さんとの対談では「ロールプレイ」をやってみた。私が典型的な教育関係者の役回りで、山本さんとわたりあうというものである。「障害児はハード面もソフト面も特別に配慮された養護学校で学ぶのが本人にとっては望ましいのに、普通学校に行きたいというのは親の無知かわがままだ」「受け入れる学校には体制が整っていない」「健常児にとっては障害児の存在は迷惑だ」と「悪役」を演じる私が山本さんを論難する。それに対して山本さんは一つひとつ反論する。

障害というハンディキャップを持つ子どもが、どうして校区の学校より遠くにある養護学校に通わなければならないのか。普通学校に障害児を受け入れる体制が整っていないのであれば、それを整えるのが学校の義務である。迷惑をかけるのは健常児だって同じ、お互い様だ。まことにもって、論旨明快である。山本さんの怒りが伝わってくる。自己決定の重要さ、差別を許さない姿勢が心を打つ。そして、反対する人たちを確実に論破しながら、同調者を集めて理想を実現していく実行力にも感心してしまう。大東市でできることが、どうして宮城県の市町村でできないのか。対談が終わって、そんな思いが残った。

障害児教育の充実促進モデル事業

義務教育は、教育委員会の所管である。教育委員会は知事から独立した組織であるということも考慮しなければならない。知事が「やれ」と言っても通じない。実際には、モデル事業を予算化するまでに三年かかった。知事自ら教育委員会に説明をし、地道に議論を積み重ねる中で、お互いの理解が進んだ。最終段階で、教育長が知事室にやってきて、「やります」と言明した時はうれしかった。教育委員会に対し、無理やりやれと言ってやらせるより、趣旨を理解し、納得づくで施策を実施するほうがうまくいく。そうも考えた。

一九九九年度から「共に学ぶ教育」をモデル事業として実施する。正式には「障害児教育の充実促進モデル事業」という。県内の小中学校のうち、十九校二十三人を対象にして、障害児を普通学級で受け入れて、その教室には県単独の予算で補助教員を一名つけるというのがモデル事業の内容である。

障害があるからといって、なぜ目の前にある学校ではなくバスで三十分も一時間もかかる養護学校に通うというハンディキャップを負わされなければならないのか。放課後、土日、夏休み、養護学校に通う障害児の自宅の周りに学友の姿はない。周りの子どもは、みんな地区の学校に通っていてなじみがない。このことも、新たなハンディキャップとなる。

一九九九年四月十五日、宮城県北部の石越町に住む中村博・和恵夫妻から知事宛てに手紙が届いた。「お礼のご挨拶が遅くなり申し訳ありません。入学式の様子をご覧くださいませ。にぎやかな子どもたちに囲まれ、毎日楽しく通学しています」。娘さんの中村繭ちゃんの「入学通知書」が同封されている。

繭ちゃんは重度重複障害児であり、入学したのは町立石越小学校、養護学校ではないふつうの地区の学校である。中村夫妻にとって、ここまでの道のりは長く、険しいものであった。前年十月の健康診断では「脳障害に伴う不全麻痺」と診断され、十一月の就学指導委員会では「養護学校のほうが手厚い教育が受けられるので適当」と説得され続けた。障害の重さに比例するような重圧で、不眠、吐き気に苦しんだ和恵さんだが、健康診断の会場で知り合いの母子から「一緒に学校に行こうね」と声をかけられたのに勇気づけられたとのこと。

今回、繭ちゃんが普通学校での教育が可能になったのは、宮城県独自の事業である「障害児教育の充実促進モデル事業」の対象となったからである。地元の石越町の理解と協力もあった。「親の希望だから仕方なく入学させるというのではなく、繭ちゃんのより良い成長のために小学校の教育環境を整えたい」というのが町の教育長の考えと知って感心させられた。稲辺正町長も趣旨を理解して必要な予算を確保してくださった。

一年生の一学期が終わった時に、私の手元に「なかよし係通信」が届いた。繭ちゃんの学校生活の報告である。学級会でクラスの係を決める際のこと。図書係の提案があったが、繭ちゃんは本が運べない。

それなら「けんか止め係だ」と言う子がいた。先生が「もっといい名前がないかな」と言ったところ、誰かの提案で「なかよし係」に決まった。このエピソードを知って、「なんて素敵な名前をつけるんだろう」と感心した。繭ちゃんに何か係をやらせることを考えつくクラスメイトの感性が素晴らしいなと思った。

母親の和恵さんは述懐する。「社会の競争に無縁な重度重複障害児を社会が包み込み、守ることによって生まれるゆとりや安心感が、社会に人間的な豊かさを生み出すと思います」。子どもが変われば、その親も変わる。そして、その学校を抱える地域全体も。「いろんな子がいて当たり前」は、学校だけのことではない。地域だって「いろんな人がいて当たり前」なのだ。

二〇〇五年三月、繭さんが六年間通った石越小学校の卒業式に出席した。知事在任十二年で唯一の卒業式出席の機会であった。車椅子での座位を取るのも困難なほど重度の障害を持つ繭さんのクラスメイトと担任の先生方に「ありがとう」の言葉をかけたかった。修学旅行は無理だと言われた繭さんを「自分たちがめんどうみるから、繭さんを修学旅行に行かせて欲しい」と先生に頼んだクラスメイトたち。修学旅行で繭さんの班の旅行日程を、さりげなく他の班より余裕があるものにした。同じ教室で重い障害の子と一緒に学んだ健常児たちにとっても、とてもいい経験になった。卒業式を迎えた繭さんの表情も生き生きしている。繭さんもクラスメイトも共に大きく成長した。

3　スペシャルな活動

「スペシャルオリンピックス日本」―細川佳代子

スペシャルオリンピックス（以下ＳＯ）は、知的障害者のスポーツ大会である。障害のために、スポーツに親しむ機会がなかった知的障害者にスポーツの楽しさを味わってもらうという意義もある。同じく障害者のスポーツ大会であるパラリンピックと違うのは、競技の結果ではなく過程が大事にされる。障害を克服して金メダルを獲った選手に感動するのではなく、障害があっても競技に挑戦する選手（アスリート）に感動するのがＳＯである。ボランティアが活躍するのも特徴である。障害のある選手（アスリート）の練習に関わるコーチとして、あるいは大会の運営役として、多数のボランティアが活躍する。

細川佳代子さんがＳＯと出会うのは、一九九一年のことである。夫の護熙さんが熊本県知事をしており、熊本に住んでいた。ある日、地元の新聞で「熊本の十歳のともこちゃんがＳＯ世界大会で銀メダル」という記事を読んだ。「熊本にこんな天才少女がいるんだ！」と感激して、ともこちゃんに体操を教えた地元の中村勝子さんを招いて講演をしてもらった。

この講演を聴いた細川さんは、ともこちゃんは天才少女でもなんでもないこと、むしろ知的障害に加えて難聴があり、話すことも不自由な障害の重い子ということがわかった。なぜ、障害の重いともこちゃんがSO世界大会に出場できたのだろうか。参加資格に競技レベルはない。参加資格は八歳以上、年間を通してボランティアの指導のもとでトレーニングをしていること、この二つ。

ここからは、細川さんから私が聞いたともこちゃんのSO世界大会での様子を伝えることにする。細川さんも、中村勝子さんの講演で聞いたことをもとに話しているので、また聞きのまた聞きということになる。


ともこちゃんは、体操競技の十一歳以下女子の部に出場した。まず、二十人で予選。

予選の場に立ったともこちゃん、音楽が鳴ったら演技を始めるのだが、難聴のともこちゃんには音楽が聴こえない。普段は、コーチが目の前で合図を送ってくれるのだが、世界大会ではコーチは別の場所で待機をしている。どんどん音楽は流れるのに、ともこちゃんはその場にコチンコチンになって突っ立ったまま、コーチが合図をくれるのを待っている。それに気づいた観衆が、指笛を鳴らしたり、手を振ったりの大声援を送った。やっと気がついたともこちゃん、そこから練習どおりの演技をした。結果は最下位。コーチの中村勝子さんは「決勝には出られない」とがっかりしたが、そうではなかった。

スペシャルオリンピックスでは、予選で落ちる選手はいない。予選は、決勝に進む選手を決めるのではなく、決勝でのクラス分けをするためのプロセスである。初出場のともこちゃんチームは、そんなルールも知らなかった。予選で、八点台、七点台、六点台、五点台、四点台の選手が、その点数ごとにクラス分けされて決勝に臨む。ともこちゃんは四点だったので同じく四点台の四人と一緒のクラス。四人で競った決勝で、ともこちゃんは二位になり、銀メダルを獲得した。中村勝子さんは、世界大会の現場にいてこの状況を実地に見ていた。この話を講演で紹介する時には、中村さんは話しながら涙が止まらない。

中村さんからこのエピソードを聞いて、細川さんは震えるほど感動した。予選でクラス分けをするが、このクラス分けをdivisioningと言う。決勝では、各クラスごとに入賞者が決まる。そのため、最下級のクラスの選手にも金メダルのチャンスがある。ふつうのオリンピックでは世界のナンバーワンを目指すが、ＳＯではナンバーワンでなくオンリーワンが大切と言う。昨日の自分に勝つ、明日はもっと上を目指すための努力の過程を認める。この価値観は日本にない。すべて競争主義、効率第一、能力第一、知的障害者は、まったく価値のないかわいそうなお荷物と社会で受け止められてしまっている。ＳＯのもたらす価値観は、日本に絶対必要と確信するに至った細川さん、すぐにＳＯの活動を始めることにした。思ったらすぐに行動に移すところが、細川さんらしい。

ＳＯの活動で大事なのは、年間を通してのトレーニングである。トレーニングには一般のボランティアが関わる。スポーツを通じて、一般の人が知的障害者と密接に関わる機会である。これまで知的障害者のことを何にも知らなかった人たちが、年間通して知的障害者と触れ合って、一緒にスポーツを楽しむ。知的障害者のことを理解する人が増えていく。これもＳＯの素晴らしいところである。

細川さんは一九九四年に中村勝子さんと一緒にスペシャルオリンピックス日本を立ち上げ、理事長になった。その後、周りのみんなが無理だと言って止めたＳＯ冬季世界大会を長野で開催するのに超人的な働きをした。長野大会は大きな成果を上げて終わった。

細川さんがＳＯに情熱を燃やすのは、世の中の人たちに知的障害者のことを知って欲しいという強い願いがあるから。知的障害者は何もできない存在ではない、一所懸命生きている、がんばっているということを理解して欲しい。ＳＯが自分の人生を変えたと語る細川さん。

細川さんは、ＳＯの活動を始める前に、人生を変えるような話をある神父さんから聞いた。このことも、細川さんは講演で紹介していた。その神父さんの話をここで再現してみよう。


「どんなに医学が進歩しても、人間が生まれ続ける限り、人口の二％前後の知的障害の子が生まれてくる。その子の周りにいる人たちに、やさしさ、思いやりがいかに大事なことかを教えてくれるために、神様が私たちに与えてくださった神様からの贈り物である。本来、この人たちは、すごい能力や可能性を一杯秘めて生まれてきている。ところが、そのことを他人に伝えることが苦手である。もし両親、家族、地域の人たちが、どうせこの子は障害者、何をやらせてもうまくいかない、できないという能力の劣ったかわいそうな子と思い込んで、何もさせずにただ守り、保護し、最悪の場合隠してしまったら、その子の能力や可能性は何一つ発揮することもなく、大変寂しい不幸な人生を送ることになってしまう。

一方、もし家族や地域の周りの方たちが彼らの個性や特性をよく理解してあげて、ちょっとサポートの手を差し伸べてあげたら、本来の彼らの持っている能力を発揮して社会でちゃんと幸せに暮らせる人たちだ。彼らが幸せな人生を送れるか、それとも不幸な一生になってしまうかは、どれだけ理解のある家族のもとに生まれるか、どれだけ理解のある社会に生まれるかで決まってしまう。だから、この人たちへの理解、支援が必要なんだ。」

神父さんのお話は細川さんの心を大きく揺さぶった。何もできないと思っていた知的障害者は、ちょっとした支援があれば能力を発揮できることを知った。だったら、その支援をすればいい。そういう境地に達したばかりのところに、スペシャルオリンピックスの話が舞い込んできたのだから、スペシャルオリンピックスの理念にすーっと入っていけたのではないか。そして「スペシャルオリンピックスやろう!」となった。

「スペシャルオリンピックス日本・宮城」― 浅野光子

スペシャルオリンピックス(SO)のことを知ったのは、知事になって二年目の一九九五年一月。細川護熙元首相の奥様、細川佳代子さんがSOについて仙台で講演された。公務のため私は講演を聴けなかったので、あとで最寄りのバーで個人的にお話を聞かせてもらった。細川さんが説明を始めてすぐに、「これは面白い」と思った。細川さんの説明がうまかったせいもあるが、SOの魅力と有用性が伝わってきた。

お話しの途中で自宅に電話して、妻光子に「すぐ出てらっしゃい。細川佳代子さんがとても面白い話をしているから」と伝えた。しばらくしてやってきた妻に「あんたＳＯの宮城県支部をやりなさい」と言った。こんなどさくさ模様で、何のことやらよくわからなかっただろうに、妻はＳＯの活動をやることになってしまった。妻にとって人生で初めての障害福祉との関わりは、こうして始まった。

宮城県支部発足に向けての動きが始まった。三月には、急遽集まってもらった人たちに細川さんの講演を聴いてもらった。細川さんは、ＳＯの賛同者を増やすためなら、いつでも、どこへでも飛んで来て講演をするということを続けていた。細川さんの講演を聴いた人たちは、たちまちのうちにＳＯのことを理解し、宮城でもＳＯをやりたいという気になってしまった。「佳代子さんマジック」と言ったら失礼だが、細川さんのＳＯにかける情熱と話の説得力がみんなを動かした。

ＳＯの活動への賛同者が多数集まり、六月には「スペシャルオリンピックス日本・宮城」が設立された。会長には、浅野光子が就任した。アスリートのトレーニングにおいてコーチをしてくれる人材も得られた、ボランティアとして関わってくれる人も増えてきた。それでも、人材はまだまだ足らない。財政基盤も十分でない。そんな中、冬季大会を引き受けて欲しいとの要請が細川さんからあった。いろいろあったが、引き受けることにした。

設立したばかりのＳＯ宮城には大会運営のノウハウはない。スキーのトレーニングは一回もやっていない。準備不足、不安で一杯。そんな中で、ともかく翌年二月に第一回冬季ナショナルゲーム宮城蔵王大会が開催された。参加は、アスリート三十四名、コーチ他十七名。大会は大成功。天候にも恵まれ、すべてが順調に運んだ。アスリート、家族、ボランティア、大会関係者の輸送、宿泊も滞りなく行われた。

冬季大会ではスキー競技とスケート競技が行われるが、宮城ではスキー競技だけ実施することになった。そのスキー競技での感動的なシーンを思い出す。

スキー競技に参加したアスリートのサトシ君八歳には自閉症がある。スキーは初めてで、スキー靴を履くところから指導を受けた。指導するコーチは丹野道子さん。サトシ君と一対一でのコーチである。

大会では、数十メートルの直滑降に出場した。予選は無難に滑ったが、決勝では、スタート台のところに寝っ転がって動こうとしない。大会役員が行ってもダメ、父親が説得に行ってもダメ、動かない。ゴール地点で待機していた丹野さんがサトシ君のところに駆けつけ説得したら、サトシ君は立ち上がった。丹野さんは、「ゴールで待ってるよー」とサトシ君に声をかけて、全力でゴール地点に戻った。そこに、サトシ君が滑り込んで来て、丹野さんが抱き止める形になった。丹野さんはサトシ君と抱き合ったまま、号泣。大会前のトレーニングは何度も行われる。丹野さんはサトシ君につきっきりで指導する。アスリートとコーチとの信頼関係が構築される。SOにおいて、一年を通してのトレーニングが大事というのがこれでわかる。SOの素晴らしさを説明する時に、私は蔵王大会でのこのエピソードを使わせてもらっている。

二〇〇一年、全国国民体育大会（国体）が宮城県で開催された。国体終了後、第一回全国障害者スポーツ大会が宮城県で開催された。「第一回」というのは、それまで身体障害者スポーツ大会と知的障害者スポーツ大会がバラバラに開催されていたのが統合されて同じ開催地で開催されるようになったからだ。

「とっておきの音楽祭」

第一回の全国障害者スポーツ大会の開催を記念して、何かイベントをやりたいと思った。スポーツ大会と芸術祭はつきものということで、音楽祭をやることにした。私の思いつきをいろいろな人が具体化してくれた。「とっておきの音楽祭は、障害のある人もない人も一緒に音楽を楽しみ、音楽のチカラで心のバリアフリーを目指す音楽祭」と銘打っている。仙台市中心部の商店街、公園、ビルの前など屋外にステージを設けて演奏する。「街がステージ」という考え方、杜の都の音楽祭にはピッタリである。「とっておきの音楽祭」のネーミングは、アメリカ発祥の「very special arts」の日本版を「とっておきの芸術祭」と名付けた城みさをさんにならったもの。

「とっておきの音楽祭実行委員会」の代表は、仙台二高の同級生菊地昭典さんが引き受けてくれた。菊地さんは脚本家、私の宮城県知事選挙のドキュメンタリー本の著者でもある。音楽祭テーマ曲の制作とフィナーレのプロデュースは、当時仙台に来たばかりの音楽家あんべ光俊さんが引き受けてくれた。

菊地君とあんべさんは、初対面で意気投合し、とっておきの音楽祭を一緒にやることになった。あんべ光俊作詞・作曲のとっておきの音楽祭テーマソング「オハイエ」はとっておきの音楽祭の別名となるほどに、あっという間に広まっていった。「オハヨー」と「イエーイ!」を合わせたあんべさんの造語「オハイエ」は関係者にとっての特別な言葉となった。また、合言葉は金子みすゞの詩からとった「みんなちがってみんないい」である。

二〇〇一年十月八日、「とっておきの音楽祭」が開催された。大成功である。市民広場でのフィナーレ、あちこちで音楽祭のフラッグが翻り、ステージと観客が一緒になって「オハイエ」の大合唱が続いた。とっておきの音楽祭は、一回限りのイベントのはずだったが、これでやめるわけにはいかない。一カ月後の最後の実行委員会では、委員全員が「来年もやろう」、「続けられる限り、この音楽祭は開催する」と決議した。一回で終わるはずのとっておきの音楽祭は、二〇一八年六月に十八回目の開催となった。

とっておきの音楽祭は、全国各地で開催されるようになった。熊本市、兵庫県篠山市、群馬県安中市、鹿児島県鹿屋市、大阪府枚方市、泉佐野市、堺市、東京都町田市で開催されている。「ノーマライゼーションの理念を多様性をもって率先して実現したこと」を認められ、二〇一七年に「バンクミケルセン記念財団」からバンクミケルセン記念賞が授与された。「障害福祉については何も知らなかった」という菊地昭典君、今や、本業をさておいてとっておきの音楽祭のために走り続けている。奥様、息子二人、息子の嫁も実行委員になっている。

とっておきの音楽祭が開催される六月の第一日曜日、仙台市中心部はいろんなところからの、いろんな音楽で満たされる。街行く人が何気なく街角のステージを覗いてみると、障害のある人とそうでない人が一緒になって演奏している風景に出くわす。この日は、新緑の定禅寺通りを吹き抜ける風がいつも以上に爽やかに感じられる。音が笑う街、心のバリアが打ち壊される。参加バンド三百五十、二千六百人。ステージ三十、観客数二十六万人、ボランティア四百人、手話通訳五十六人、実行委員五十五人。「みんなちがってみんないい」の合言葉で音楽祭を盛り上げている。

チャレンジド・ジャパン・フォーラム ―竹中ナミ―

チャレンジド・ジャパン・フォーラム（ＣＪＦ）という集まりがあることを私が知ったのは、一九九八年のことだった。その年の八月八日、九日神戸市で開催された第四回ＣＪＦに私は初めて参加をした。

ＣＪＦを始めたのは、社会福祉法人プロップ・ステーション理事長の竹中ナミさんである。身近な仲間たちは「ナミねえ」と呼ぶ。ナミねえと知り合ってすぐのころ、「チャレンジド」とは何かの説明を受けた。障害者のことをアメリカではチャレンジドと呼ぶようになっているという。「チャレンジャーの間違いではないのか」と尋ねたところ、「浅野さんね、これには主語が隠れているんよ。神。神様が、この人に「障害」というハンデを与えて挑戦している。この挑戦をはね返してごらんということなんや。だから challenge の受身形の challenged になるんや」とわかりやすい関西弁で説明してもらった。

障害者はあわれでかわいそうな存在。健常者としてのこちらとしては、やさしく庇護してやるべしというのとは違った考え方が「チャレンジド」という呼び方の中に込められている。神様から選ばれたという発想、「はね返してごらん」という前向きの姿勢がある。何よりも、人間存在としての誇りとか、自負ということが感じられる。

ナミねえの発想は、「チャレンジドを税金を使う存在から、税金を払う存在にしよう」ということである。わかりやすい、実にわかりやすい。それを可能にする道具としてナミねえがまず目をつけたのが、ITなどの最新の技術である。最新のテクノロジーを駆使して、障害のある部分を補ってやることによって、障害者の就労に結びつけようということである。

プロップ・ステーションという組織を神戸に立ち上げたナミねえは、この構想を実現している。ITを学んだチャレンジドが、別なチャレンジドにその技術を教えている。一流企業から仕事を引き受けて、「プロップ」は安定的な収入を得るまでになっている。通勤や通常の勤務がむずかしいチャレンジドは、ITを使って自宅で仕事をこなしている。

こういった運動を全国的なものに発展させようというのが、チャレンジド・ジャパン・フォーラム、CJFである。私が初めて参加した第四回の神戸大会には、スウェーデンからチャレンジドの就労機関であり二十八のグループ企業を持つ「サムハル」社長のゲハルト・ラーションさんを招き、国際会議として開催された。首長セッションもあり、兵庫県の貝原俊民知事と宮城県の浅野史郎知事が会場で、橋本大二郎高知県知事はTV会議システムを使って意見交換をした。その他にも興味深いセッションがたくさん開催されていた。二日間の会期で、参加者は延べ四百人にのぼった。

ＩＴと障害者が結びつくことによって、無限の可能性が広がる確かな手がかりを得た。

「次回は、我が宮城県で開催します」と大会の最後に宣言した。その結果、第五回ＣＪＦは宮城県立大学を会場にして開催された。知事セッションとして、三重県北川正恭知事、岩手県増田寛也知事と私が真面目な議論を展開した。地域で眠っているチャレンジドのパワーを活かすために、自治体ががんばらなければならないことを確認し合った。

その後のＣＪＦは各知事の招聘《しょうへい》合戦の様相を見せ、第七回三重県、第八回岩手県、第九回千葉県で開催された。いずれも、知事セッションが定番となって開催された。また、米国をはじめ海外からこの分野で先進的な活動をしている方々をゲストとして迎え、また、ＩＴ企業のトップの出演も多数あった。参加者は千人を超え、年々大きな盛り上がりを見せている。

ＣＪＦの開催だけではない。障害者がＩＴと結びつくことによって、就労の機会を増やし障害者の活動の幅を広げている、障害福祉の分野に新しい風が吹き込んでいる。その牽引者はナミねえこと竹中ナミさんである。

ナミねえは、どうしてこんな活動をするようになったのか。ナミねえのことは、ナミねえに語ってもらうのがいい。二〇〇九年七月十四日付けの京都新聞にインタビュー記事が載っているので、この記事を参考にしてナミねえに語ってもらおう。

「なぜ今こんなことをしているのって聞かれたら、元不良やからと答えます。十六歳で家を出て男と一緒に暮らす、今から思えば一歩間違えば社会の闇に沈んでしまうような生活もしました。世の中のルールに乗るのが嫌い。こうせなあかんと決めつけられるのが嫌い。納得せんと動けない。

チャレンジド（障害のある人）、中でも重度の人は「かわいそうな弱者」と世の中から決めつけられています。重度の人の中に仕事をしたい、自分で稼ぎたいという人がいるのになんでや。持って生まれた不良精神が頭をもたげたんです。働きたいと思うあらゆる人が仕事ができる仕組みを社会に根付かせたい、それが夢です。

私には、重度の脳障害がある娘がいます。不良の原因にもなった反抗心が、娘を授かることで娘と一緒に生きる前向きのエネルギーにつながった気がします。

チャレンジドが挑戦するのは、みんなが住みやすいユニバーサル社会実現です。先端技術を生かしたりして重度の人たちが住みやすい世の中になれば、増え続ける高齢者や多くの人を助けることになります。重度の人たちは人助けの「タネ」をいっぱい持っています。それを実現する一つのモデルケースがプロップ・ステーションです。

世の中の常識から外れたことは、それが実際に起きないとみんなは納得しません。わたしは、娘を残して安心して死ぬために、それを起こしたいんです。」

わかりやすい。わかりやすいから迫力をもってみんなの心に届く。娘の麻紀さんの障害はほんとに重い。自分では立てない、歩けない、しゃべれない。目は光を感知するだけ、耳も聞こえていないみたい。ナミねえのことを母親とも認知できないようだ。「この子への愛は究極の片思いやね」と笑い飛ばす。活動がすごい。パソコンはあまりできないけど、口と度胸はあるので、どこへでも誰にでも向かっていく。財務省財政制度審議会、総務省情報通信審議会、社会保障国民会議の委員を歴任。人脈も広い。元気の素は麻紀さん。「麻紀さんの誕生が人生最大のラッキーや！」と言う関西弁の超元気印のナミねえ。こんな人が障害福祉の分野にいることは、我々にとってもどれだけラッキー！なことだろう。

4章

施設解体宣言

1　地域福祉推進宣言

船形コロニーの改革

私がふるさと宮城県の知事選挙に出るにあたり、長崎県のコロニー雲仙から駆けつけてくれた田島良昭さん。知事選挙は勝利で終わったが、田島さんにはいろいろやってもらわなければならないことが、まだまだたくさん残っていた。知事業についても、福祉事業についても、助言、助力が欲しかった。しばらくは、雲仙コロニーなどを運営する社会福祉法人南高愛隣会の理事長を務めながら、長崎県と宮城県を行ったり来たりの仕事をしてもらうことにした。平成八年四月には、宮城県福祉事業団の副理事長として仙台に移住してもらうようお願いした。田島さんにとっては、雲仙から離れるのは「死ね」と言われるのと同じ、非常に悩んだらしい。法人の職員やめんどうをみている子どもたち（田島さんには、長崎に養子縁組をした養子が四十人以上いる）にしばしの別れを告げて、宮城に来てくれた。

田島さんが副理事長、のちに理事長として関わる宮城県福祉事業団は福祉関係の県立の施設の運営に携わっている。施設としては、高齢者施設、重度知的障害者入所施設、身体障害者療護施設、知的障害児施設などがある。

赴任したその日に、田島さんは大和町にある船形コロニーを視察した。船形コロニーは、重度の知的障害者の入所施設で入所者五百人規模。一九七三年に設置された。田島さんは、入所者がボーっとして園内を歩いている様子に気がついた。入所者で地域移行したのが、園で死亡した八人だけということも聞いた。「これではだめだ。こういう仕組み、こういうやり方でこんな考えの人たちがやっているものは福祉ではない」と思い、その場で総合施設長に「あなたは首だ」と言い渡した。

船形コロニーから戻って来た田島さんを知事室に呼んで、「首にするのは、ちょっと待って」と押し留めたが、田島さんの船形コロニー改革は止まらない。福祉事業団の職員の代表四十人による「あり方検討委員会」を作り、委員会は一年二カ月かけて「船形コロニー改革案」を含む福祉事業団のあり方についての報告書をまとめた。職員が検討の主体となったことで、職員の意識改革が大きく進んだ。

船形コロニーの改革案の中身は、一九九七年から二〇〇七年までの十年間で定員五百人の中の三百五十人を地域移行させるというもの。船形コロニーの改革の実践はすぐに始まった。そんな中の平成十年九月、大水害に遭った福島県立「太陽の園」の入所者百五人と職員四十二人を船形コロニーで受け入れるという快挙があった。こんな決断をできるのは田島さんしかいない。

船形コロニーのような大型の知的障害者入所施設で地域移行を進める時に課題となるのは、退職する職員をどうするかである。地域移行が進めば、施設の定員減となり、多くの職員は退職を余儀なくされる。職員の次の職場を確保しなければならない。船形コロニーの場合、これがうまくいった。介護保険開始直前ということもあり、県内の多くの施設が優秀な職員を確保するのに難儀している状況だった。能力が高く、経験も豊かな船形コロニーの職員は、県内の各施設から引っ張りだこであった。一方、他県の大型施設で地域移行が進まなかった要因の一つに、職員組合からの反発があった。削減される職員の行き先への不安が解消されなかったからである。

船形コロニー解体宣言

船形コロニー入所者の地域移行は順調に進みつつあった。しかし、それ以上はなかなかむずかしい。地域移行をさらに進めるためには、行政、県民、地域住民などにも自分ごととして関心を持ってもらう必要がある。そんな中で、福祉事業団は二〇〇二年十一月二十三日「船形コロニー解体宣言」を発表した。長年入所施設内に閉じ込められてきた人たちが、「ふつうの場所で、ふつうの生活」をできるようにしようという趣旨である。「解体宣言」は刺激的な用語であるが、中身は地域福祉推進宣言である。「船形コロニー解体宣言」を発するにあたり、田島理事長が真っ先に言ったことが「ごめんなさい」である。船形コロニーの利用者の本当の気持ちを知ろうとしなかったことを、まず詫びたのである。

施設を運営する側からすれば、利用者にとって、この施設は素晴らしい場所である、利用者自身もそう思っているはずだと決めつけていたことを反省した。入所している知的障害者の本当の気持ちは、ふるさとに帰りたい、家族と会いたい、仕事もしたい、自分の家庭を持ちたいといった、ふつうの人であれば当たり前の希望であるのに、障害が重いということで、そんな希望を持っているという想像力すらなかった。そんな施設側の怠慢を謝罪するところから始めたのである。

「解体宣言」では、「ごめんなさい」の次に、「親元に帰すのではない、ふるさとに戻すのだ」ということを明確にしてある。重度の知的障害者の親とすれば、船形コロニーに自分の子を入所させるまでには、心の葛藤はあっただろう。しかし、当時の状況とすれば、「親亡き後」に子どもを安心して託すことができる場所は船形コロニーしかなかった。万感の想いを込めて、子どもを船形コロニーに預けた。一生お願いしますという気持ちだったろう。そういう想いで送り出した子どもが、年老いた親の元に戻されるとしたら大変だということである。「親元ではなく、ふるさとに帰す」というのは、こういう事情がよくわかるからである。本人が望むのであれば、ふるさとでないところでの地域生活も選択肢に入ってくる。

船形コロニー解体宣言が出された経緯として特筆すべきことは、この宣言が福祉事業団の田島理事長からのトップダウンで一方的になされたものでなく、事業団の職員組合も一緒になって進めてきた改革だということである。職員にとっては、自分たちの職場をなくすことになるのだから、反対するのが当たり前だろう。なのに、職員組合が言い出すのだから大変なことである。

職員としては、知的障害者に対する施設内の処遇だけに専念していたら、施設をなくすという発想は出てこなかっただろう。利用者の心の声に耳を傾ければ、地域福祉がこれからの主流になるのははっきりしている。だったら、外から言われてやるのではなく、自分たちで選び取ろう。こういった明確な方向性の中から、解体宣言につながる改革の動きが育っていった。これは福祉事業団職員における専門性の転換宣言と言ってもいい。職員自らの気づきの中から出てきた改革はほんものであるし、実現性が高い。

翌日の朝日新聞は一面トップの記事で、船形コロニー解体宣言を報道した。解体宣言については、各方面から賛成・反対とり交ぜて多くの意見が飛び交った。仙台市長からは、「船形コロニーを利用している百二十八人が仙台市に帰されるのは困る。なんの相談もなく一方的に宣言するのはけしからん」とのこと。県議会は「県立施設を事業団の理事長が解体するのは越権行為」という批判。いろいろ意見が出ることが大事。施設解体が話題になり、議論の輪が全国に広まる。このことが改革の出発点である。解体宣言を発した意義はこの時点で既に十分に果たされた。

「みやぎ知的障害者施設解体宣言」

宣言発出以降も、船形コロニーの地域移行は二〇〇三年度六十二人、二〇〇四年度七十四人と格段に進んだが、平成十七年十一月に私が知事を辞め、後任の村井嘉浩さんが知事になって「船形コロニー解体宣言」の見直しがなされた。ペースは落ちても、地域移行の流れが滞ることがないようにと願うばかりである。

重度の知的障害者用の入所施設として作られた船形コロニーが解体できるのであれば、軽度の知的障害者が入所する施設が解体できるのは、論理的には当然の道筋である。「船形コロニー解体宣言」から一年三カ月後の二〇〇四年二月二十一日、私は、「アメニティーフォーラムｉｎしが」の壇上から「みやぎ知的障害者施設解体宣言」を発した。これからの宮城県の知的障害者福祉の進むべき方向を示したかった。障害者の地域生活への移行のために、グループホームなど地域生活を支えるための施策を充実させなければならない。その結果として地域移行が進んで、障害者が施設から地域に全員移れば入所施設は不要となる。だから、今すぐ解体するのではなく、時間をかけて、しかし着実に地域移行を進めていくのだ。

みやぎ知的障害者施設解体宣言の全文を示す。

「みやぎ知的障害者施設解体宣言」

宮城県内にある知的障害者の入所施設を解体して、知的障害者が地域の中で生活できるための条件を整備することを宮城県の障害者施策の方向とすることを、ここに宣言する。

宮城県福祉事業団は、二〇〇二年十一月二十三日、船形コロニーを二〇一〇年までに解体し、入所者全員を地域生活に移行させるという、「施設解体みやぎ宣言」を発した。宣言を発するに至った背景としては、知的障害者本人の希望と関わりなく、施設入所を当然のこととしてきたのではないかという疑問があった。施設運営に関わる職員としては、自分たちの仕事の意義に対する、真剣な反省である。

この疑問、反省は、船形コロニーだけにあてはまるものではない。船形コロニーは知的障害者の中でも、特に重度の障害を持つ人たちを処遇する場として特別に設置されたものであるから、地域生活への移行を言うならば、県内の入所施設の中では、順番としては一番最後になってもおかしくない位置付けである。にもかかわらず、施設解体宣言を発したということの重みを、十分に考える必要がある。

知的障害を持った人たちの幸福を実現することこそが、障害福祉の仕事の目的であるという原点に戻って考えたい。地域の中にこそふつうの生活がある。適切な支援措置さえあれば、重度の障害を持った人たちであっても地域での生活を送ることができること、そして、それが知的障害者の生活を豊かなものにすることは、これまでの多くの実践の中で実証されている。

船形コロニーの解体宣言から一年余経った今こそ、宮城県全体として、船形コロニー解体宣言の普遍化をなすべき時である。つまり、知的障害者の入所施設を解体し、入所者の地域生活への移行を図ることを、宮城県全体の障害福祉の方向として、明確に示す必要がある。それが、今、このような宣言を発する理由である。

宣言の背景には、これまでの障害福祉施策への真剣な反省がある。知的障害者への各種の施策が量的にも、質的にも貧しかったころ、知的障害者施策の中心は、施設入所であった。「親亡き後」の知的障害者の生活をどうやって保証し、年老いていく親に安心感を与えるかが大きな関心事であったとも言える。施設入所は、こういった環境のもとで、頼りになる施策に思えたのは、ある意味で当然である。

入所施設での処遇に比べれば、地域生活支援施策は、歴史的にも浅いものであり、目に見えるインパクトとしても施設のように目立たない。一握りの先進的な取り組みとして存在し、特に、親たちから見えないし、見えたとしても頼りにならないものと認識されていた時代が長く続いている。一方において、入所施設は、多くの職員と関係者を抱える確固たる存在として、永久に存続するものとして受け止められている。「解体」という発想は、ふつうは出てくるものではない。

そういった状況の中で、知的障害者本人の幸せとは何かが真剣に問われることがないままに、障害福祉の仕事は成り立っていた。「あなたは、どこに住みたいのか」、「あなたは、誰と暮らしたいのか」、「そもそも、あなたは、何をしたいのか」という問い自体が発せられないまま、入所施設に入っているのが一番幸せと、外部から決めつけられる存在としての知的障害者という図式である。障害福祉の仕事は、知的障害者の幸せを最大にすることを目的とするという見地からは、障害者に対して、まず、この問いが発せられなければならない。そして、その答を模索することが求められる。

知的に障害を持っていることによって、特別なニーズが生じる。特別なニーズがあったとしても、知的障害者がふつうの生活を送ることを断念する理由にはならない。障害福祉の仕事は、その特別なニーズにどう応えていくかということである。ふつうの生活は施設の中にはない。地域にしかない。であるとすれば、地域の中で、知的障害ゆえに発生する特別なニーズに応えていくことこそが、障害福祉の仕事である。グループホームがある。日常生活の援助がある。金銭管理、人権擁護、就労の確保などなど、やるべきことはたくさんある。

宮城県での知的障害者への福祉が目指すべきは、この方向である。「施設解体」を宣言しても、解体することに目的があるのではない。あくまでも、知的障害を持った人たちが、ふつうの生活を送れるような条件整備をすることに主眼がある。そのような条件整備がなされれば、入所施設は不要になる、つまり解体できるということになる。宮城県の障害福祉のありようとして、こういった方向に進んでいくことを少しでも早めるように各種施策を準備するという宣言でもある。

宮城県内の知的障害者の入所施設を、即刻解体すべしと言おうとしているのではない。時間はかかっても、目指すべきは施設解体、まずは、それが可能になるための、地域生活支援の施策の充実である。県内のそれぞれの入所施設において、このことを念頭に置いて仕事をするのと、まったく考えずに日々を過ごすのとでは、大きな違いが出てくる。それぞれの施設において、解体が可能になるまでにやるべきことは何か、何が障害になるのか、障害をなくすための方策、こういったことを現場の職員を交えて真剣に討議し、行動することが求められる。

繰り返して言う。障害福祉の目的は、障害者がふつうの生活を送れるようにすることである。そのために、今、それぞれの立場で何をなすべきか。たどり着くべき島影をしっかりと視野に入れて、船の進むべき方向は間違わないように荒波を乗り越えつつ進んでいかなければならない。たとえ時間はかかっても、必ず目指す島に到達することはできると信じている。同じ船に一緒に乗り込んで欲しい。

思い入れたっぷりの宣言文は、私が一字一句心を込めて書いた。知事在任十二年、「福祉日本一を目指す」と言いながら、具体的成果はあまりなかった。その中で知的障害者福祉の理念をこういう形で表明するのは、知事だからこそできることである。私にとっては貴重な成果であると思っている。

2　「解体宣言」を発した理由

障害者の人権を守るという視点から

思い返せば、「知的障害者入所施設はないほうがいい、今のままではだめだ」というのは、一九八五年四月、私が北海道福祉課長に就任して、多くの入所施設を見た時からの思いである。そうは思っても、当時は施設がなくなった後の展望はなかった。施設から出た知的障害者を受け入れる機能が地域側には備わっていなかった。しかし、今は状況が違う。地域側に知的障害者を受け入れ、支援するための資源は十分に存在する。だからこそ、「何故、入所者を社会復帰させないのか」と施設側に迫ることができる。

議論の出発点には、知的障害者自身の生き方についての自己選択がある。そもそも、知的障害者は入所施設に入所することを自分で希望したのだろうか。親、特別支援学校（旧養護学校）の先生、福祉事務所など自分以外の人に勧められての入所であった。二十世紀においては、「行政措置」としての入所であった。そもそも、知的障害者本人の意向などは訊かれていない。

入所した後にも、知的障害者の希望は訊ねられていない。「この施設に死ぬまでずっといたいのか、それとも他のところで生活したいのか」という質問は発せられない。もし訊ねられたら「家に帰りたい、仕事を見つけて地域で暮らしたい、結婚して家庭を持ちたい」など、さまざまな答が返ってくるだろう。多くの場合、「ふつうの場所でふつうの生活をしたい」という希望が示されるだろう。質問は入所後すぐになされなければ意味がない。入所して何年も経ったら、「ここにずっといたい」という答が多くなる。これは「住めば都」ではなく、「惰性」または他に選択肢が思い当たらないからと言ったほうがいい。

入所後早い時期に見つけた希望は、入所者にとっての目標となる。「仕事がしたい」という希望が目標になれば、その目標に到達するには今何をすべきか、どんなことを身につける必要があるのかといったことが明らかになる。たとえば、「八時間労働に耐えられるだけの身体を作り、精神力を鍛える」といったことである。そこのところを明らかにし、指導するのが、施設職員の仕事である。施設として、入所者にどんな訓練をすべきかが決まる。それがリハビリテーションのプログラムである。

私が入所施設を視察した時に、多くの施設では入所者の日程として「自由時間」が多いのに驚いたのだが、これは「訓練」の時間がないことを意味している。訓練のための訓練ではなく、各自の目標達成のために必要な訓練でなければならないのだが、そもそも「目標」が示されていないなら、訓練などしようがないことにも思いをいたさなければならない。目標なき施設生活は停滞を意味する。それでは、入所者の社会復帰など、夢のまた夢である。これでいいのか。それで入所者は幸せなのか。入所施設運営者として、真剣に考えなければならない課題である。

施設入所者の社会復帰が進まない理由は他にもある。社会復帰が進んで、入所者が少なくなると、施設にとっては収入が減少することになるので、財政的に困るという事情がある。入所者全員が社会復帰すれば、施設そのものがなくなり、事業は継続できなくなる。さらに、職員が職を失うことにもつながる。職場が縮小する、さらには消滅すれば、職員は辞めなければならない。それはそうだとしても、それを避けるために入所者の社会復帰を抑えることになれば、本末転倒、なんのための事業かということになってしまう。

社会復帰が進んで、施設入所者が一時的に減っても、入所待機者が大勢いるので、施設はすぐに埋まってしまう。解体どころではない、まだまだ入所施設は必要だ、増設することも必要だという議論がある。待機者が大勢いるのは事実である。しかし、昔の待機者と今のそれとは意味合いが違う。地域福祉の資源が充実している今日、入所施設ではなく地域で生活する可能性は格段に高くなっている。また、入所を希望するのは障害者本人ではなく、親ではないのかという、昔からの疑問がある。よくよく考えて対応しなければならない。

入所施設の職員の失業の問題。これは失業の問題ではなく、転職可能性の問題である。就労継続支援事業A型・B型など、通所施設での仕事に転じることもできるし、その他地域福祉を支える仕事は人手が足りないぐらいなので、これまでの経験と能力がある職員については、入所施設でなくとも仕事をする余地は大きい。この移行をいかに円滑にできるかは課題ではあるが、解決は十分可能である。

念のための補足であるが、「大規模施設はよくないが、小規模ならあってもいいだろう」という議論について。百人規模であっても三十人規模であっても、施設は施設である。入所施設となれば、細かい行動規則、日程管理、禁止事項といった管理的な運営は免れない。入所者の行動の自由が制限される。そして外部からの閉鎖性も避けられない。「小規模ならいいだろう」という議論は通らない。

一度は地域での生活を

入所者の中でも、重度の障害者、行動障害のある人に社会復帰はとてもできない、どうしても入所施設が必要だという議論もある。確かに、社会復帰は簡単ではない。だとすれば、重度の障害者は一生施設で生活することになるが、それでいいのか。今では、重症心身障害者が入居しているグループホームもある。一対一の支援をつけて一人暮らしをしている強度行動障害の人もいる。こういった重度障害の人も、一時期であっても地域で生活することがあってもいい。そうでなければ、かわいそう過ぎる。情緒的に言っているのではない。これは障害者の人権の問題である。

「みやぎ知的障害者施設解体宣言」についての議論が、障害者の人権の話に帰結した。実は、それが「解体宣言」で言いたかったことなのである。重度の知的障害者は一生入所施設で暮らさなければならないのか、それはこういった人たちの宿命なのか。宿命は変えられないものなのか。障害者の人権を守るという視点から、「解体宣言」は読み解かれなければならない。これが、「解体宣言」を発した者の心意気である。

宮城県知事辞任

船形コロニーをはじめとする県立施設の改革は、職員の意識改革という成果を伴って、成し遂げられた。これは田島良昭理事長の施設運営の理念と方法論によって可能となった。県立施設の改革だから、本来、これは知事が主導してやるべきなのだろうが、私は県立施設の建物は見たことはあっても、中身はほとんどわからず、しかもどこが問題なのかもわからなかった。恥ずかしい限りである。

それが、田島さんが施設を運営する福祉事業団の理事長として登場してからは、船形コロニー、敬風園(特別養護老人ホーム)、敬友学園(知的障害児施設)といった県立施設の運営の見直しが急速に進んだ。田島さんは施設を視察してすぐに、その致命的欠陥を見抜くのである。公立施設ならではの非効率性だけではない。運営が利用者本位になっていないこと、利用者の人権がないがしろにされていることに我慢がならず、施設長などを厳しく叱責する。

田島さんがいてくれたおかげで、助かったことはたくさんある。福祉政策の分野で私の足らざるところを補ってくれた。

田島さんは「雲仙を離れたくない」という思いを抱えながら、私の求めに応じて十年の長きにわたり宮城に留まってくれた。思えば、障害福祉課長に就任して十日目に運命的な出会いをしてからの年月、田島良昭さんは、障害福祉における我が師であり、同志であり、畏友であり続けた。そして、私が宮城県知事を辞任した二〇〇五年十一月二十一日、田島さんは宮城を静かに去り、長崎に帰った。

第3部

一人の住民として

1　知事卒業後

知事業を卒業してからの私は、障害福祉とは縁のない生活をしていた。二〇〇六年四月からは慶応大学ＳＦＣ（藤沢市）で慣れない教授業を務めた。政治学や地方自治論の授業に加えて各種ゼミを担当したが、二〇一一年からは障害福祉論のゼミを担当した。二十人ほどのゼミ生はそれまで障害福祉に関心も興味もなく、卒業後も福祉系の仕事に就く気もない。そんな学生をゼミで鍛えて、卒業後の就職先の職場で障害者について一番知識と理解が深い人材として送り出してやろうというのが、障害福祉ゼミ開講の狙いであった。

「共生社会を創る愛の基金」—村木厚子

慶応大学ＳＦＣで教授業を始めて三年目の二〇〇九年六月、私はＡＴＬ（成人Ｔ細胞白血病）を発症して東京大学医科学研究所付属病院に入院した。病床でテレビのニュースを見ていたら、厚生労働省の村木厚子雇用均等・児童家庭局長が虚偽有印公文書作成・同行使容疑で大阪地検特捜部に逮捕されたことを報じていた。「郵便不正事件」がらみである。村木さんとは障害福祉に関する集まりでご一緒することが何度かあり、そのたびに熱心に障害福祉に取り組んでいる真摯な姿が印象に残っていた。障害福祉関係者の期待と信望を集めていた官僚である。障害福祉の仲間として、「本物だ」と思える人材でもある。

そんな村木さんが虚偽公文書作成などするはずがない。絶対にない。こんなことをする動機もまったくない。これは不当逮捕であり、とんでもないことだ。一方で、村木さんを有罪と決めてかかっているようなマスコミの報道ぶりには怒りを覚えた。

早速に、田島良昭さんが中心になって、「村木厚子さんを支援する会」が立ち上がり、堂本暁子・前千葉県知事、住田裕子弁護士などと共に、入院中の私も名を連ねた。村木さんが障害者雇用対策課長時代に知り合って意気投合した竹中ナミさんは、村木さんの裁判を毎回傍聴し、親身になって支援し続けた。

村木さんは検察による理不尽かつ執拗な取り調べにも屈することなく、自らの無実を主張し続けた。五カ月以上に及ぶ勾留に耐え、二〇一〇年九月、裁判で無罪を勝ち取った。

一年半ぶりで職場復帰を果たした村木さんが、私の横浜の自宅を訪れた。ＮＨＫの番組の企画で対談をする。この時の対談を中心にした番組が、ＥＴＶ特集「二人のチャレンジド〜浅野史郎と村木厚子」として放映された。

番組の題名には、竹中ナミさん（ナミねえ）に教えてもらった「チャレンジド」が使われている。村木さんと私は、ちょうど同じ時期に神様から厳しい試練を与えられた。片や五カ月に及ぶ無実の拘置所生活、もう一方は死と隣りあわせの闘病生活である。まさに、「二人のチャレンジド」。自分が神様からの挑戦を受けるチャレンジドであることを意識することによって、苦しい時期を乗り越えることができた。

無罪を勝ち取った村木さんは、三千三百三十三万円の国家賠償金を（社福）南高愛隣会に託した。この寄託金を元に「共生社会を創る愛の基金」が設立された。村木さんは基金設立の趣旨として、罪に問われた障害者が適正な取り調べを受けられ、罪を犯した障害者が社会に復帰し、再び罪を犯さずに済む、そういった社会をみんなで創っていくことが大事だと述べている。障害を持たない自分でさえも取り調べで言い分を貫くことがむずかしかったという村木さんから見れば、コミュニケーションに障害がある人たちが自分の潔白を主張することはどれだけむずかしいかがわかるのだろう。

共生社会を創る愛の基金は、「罪に問われた障がい者」の支援に関する調査研究事業、「罪に問われた障がい者」を支援する先駆的取り組みや調査研究への助成事業を実施している。また、一般への広報、啓発事業として、毎年シンポジウムを開催している。私は事業運営委員会の座長を務めている。

「罪に問われた障がい者」

基金の事業とは別に、罪に問われた障害者の取り調べの可視化を求める動きが活発になされた。その結果、検察では二〇一一年十月から、警察では二〇一二年五月から、知的障害によりコミュニケーション能力に問題のある人が被疑者として取り調べを受ける時、すべての過程を含む録音・録画（取り調べの可視化）が開始された。さらに、一部では心理・福祉関係者の立ち会いも行われている。

こういった動きを「入口対策」とすれば、出口対策は、刑務所を出所した障害者の社会復帰をどう進めるか、再犯をしないようにするにはどうするかである。この問題に真剣に取り組んだのが田島良昭さんである。

宮城県社会福祉協議会の副会長であった二〇〇四年、田島さんは元衆議院議員の山本譲司さんの講演を聞いて愕然とした。刑務所内に知的障害者がとても多いことを知った。山本さんには自身の刑務所での経験をもとにした著書があるが、その中で受刑者である知的障害者の実態を生々しく伝えている。田島さんは長年にわたり知的障害者を支援する仕事をしてきたが、刑務所にいる障害者のことは頭に入っていなかった。「本来、福祉で支える人たちを福祉が支えていなかった。申し訳ない」という思いから活動が始まった。

活動は二〇〇五年十一月、田島さんが宮城県を離れ、南高愛隣会理事長職に戻ってからますます盛んになった。私はATLの治療で入院中に、田島さんに電話をした。二〇〇九年のある日のことである。「今、どこにいるの」と尋ねると、「刑務所にいる」と応じた。「ああ、やっぱり」というのは冗談だが、田島さんらしく、現場に足を運んで解決を探るやり方であった。

関係者による勉強会を経て、二〇〇六年から二〇〇八年にかけて、田島さんを研究代表として厚生労働科学研究「罪を犯した障がい者の地域生活支援に関する研究」が実施された。この研究は、山本譲司氏の他、藤本哲也中央大学法学部教授や、矯正、更生保護、社会福祉の各分野の実務家及び研究者が一堂に会した大規模なものであった。出所後行き場がない知的障害者を支援する地域生活定着支援センターの設置は、この研究会の提言によるものである。その他、矯正施設・更生保護施設への福祉専門職の配置、社会福祉法人・NPO法人による更生保護事業への参入などの施策が制度化された。地域生活定着支援センターは二〇一二年三月には全国四十七都道府県に設置された。

これまでは、罪に問われた知的障害者、罪を犯して刑務所にいる知的障害者のことは、障害福祉関係者の間でも話題になることはほとんどなく、関心も薄かった。こういった知的障害者に光を当て、支援する動きが始まり実績も出ている。厚生労働省と法務省の連携ができたことも大きな変化である。これまでは、こういった知的障害者は両省の谷間に落ちてしまっていた。この新しい課題の解決に立ち向かうことで、福祉の分野だけでなく、司法の分野においても、これまでのやり方の改革がなされた。障害者から始まった改革が、同じような問題を抱える高齢者、薬物中毒、累犯者などにも広がっている。

慶応大学SFCの教授を六十五歳の定年で辞めて、二〇一三年四月からは神奈川大学で教えているが、そこでも障害福祉ゼミを開講している。SFCでも神奈川大学でも、ゼミでの開口一番私が言うのは「障害福祉は、あわれでかわいそうな障害者に何かいいことをしてあげるというものではない」ということ。学生は、「えっ、だったら障害福祉ってどういうことなの?」と思うだろう。そこが出発点としての疑問文、そこから興味が湧いてくる。

「ぷれジョブ」―西幸代―

二〇一二年の春、SFCの私の研究室に西幸代さんが訪ねてきた。ぷれジョブについてご説明したいということだった。「浅野さんが、いろいろなところで非専門家を準専門家に育てると言ったり書いたりしている。私も非専門家のためにぷれジョブを始めた」との説明があった。

ぷれジョブは、倉敷市で特別支援学校の教員をやっていた西さんが始めたユニークな活動である。障害を持つ中学生・高校生が週に一回一時間、地域の事業所でお仕事体験をする。六カ月続けると一区切り、事業所を変えてまた続ける。その際に、ジョブサポーターとして近所のおじさん、おばさんがプレイヤーの障害児についていく。このジョブサポーターとなるおじさん、おばさんは福祉の非専門家であるが、活動をしていくうちに準専門家に変身する（ことを期待する）。

施設福祉から地域福祉へということを考えると、障害者の地域での生活を支援する戦力の必要性に行き当たる。戦力となるのは障害福祉の専門家、職業として関わる人、ボランティアである。こういう人たちが地域に満ち溢れるほどいなければならない。その際に戦力予備軍として、地域にいるふつうのおじさん、ふつうのおばさんをリクルートする手がある。非専門家を準専門家（ボランティア）にリクルートするのに、ぷれジョブが使えるのではないか。西さんの説明を聞いて、そんなことを考えた。

ぷれジョブの仕組みは単純である。お金もからまない。役所の許可認可、ご指導も不要である。よし、すぐやろうと決めた。そんなところに内海智子さんから連絡が入った。共通の友人の大木恵さんから、浅野がぷれジョブを始めるそうだから力になって欲しいと言われての電話であった。内海さんとお会いして、「ぷれジョブやろう」ということになり、そこからトントントンと話が進んだ。

ぷれジョブを始めるにあたって、西さんから聞いたことも参考にして、私なりの目標を立てた。障害のある生徒の地域デビューだということを大事にしたい。彼らは、地域の学校ではなく、遠くの特別支援学校に通っている。通学の途中で地域の人と出会うことはほとんどない。帰宅後、地域の学校に通っている近所の子どもと遊ぶことはない。そんな子が一週に一時間でも地域の事業所でお仕事をするようになれば、職場でも職場への往復の道筋でも地域の人たちの目に留まる。ジョブサポーター役のおじさん、おばさんとも仲良くなれる。

お仕事はそれほどむずかしくない。しかも、一週一時間である。ぷれジョブを就労支援事業と位置づけないのは、このためである。だから、私は「仕事」ではなく、あえて「お仕事」と呼ぶ。仕事のスキルを学ぶというよりは、地域での仕事はこんなようなものだということをわかってもらえばいい。

二〇一二年七月、「ぷれジョブ藤沢」（ぷれジョブ藤沢の名称は現在は使用していない）はスタートした。プレイヤー内海隼吾君（高二ダウン症、内海智子さんの長男）、協力事業所ワキプリントピア（印刷・出版の会社・社長は藤沢商工会議所女性部の会長脇屋英子さん）、ジョブサポーター林圭佑君（SFC浅野研究会所属）という布陣である。ジョブサポーターには地域のふつうのおじさんかおばさんになって欲しかったが、すぐには見つからない。そこでSFCの浅野ゼミの林君にやってもらうことにした。

このチームでぷれジョブが始まって早い時期に、ハプニングが起きた。ワキプリントピアには小田急線湘南台駅からバスで行く。最初の何回かは隼吾君に林君が付き添って通っていた。付き添いなしで初めての時、隼吾君は乗るバスを間違えた。隼吾君から「間違えました」と申告があったので運転手さんは最寄りの停留所でバスを停めてくれた。同乗していたおばさんがそのバス停で降りて、隼吾君を公民館まで連れて行ってくれた。そして、隼吾君に迎えが来るまで公民館で一緒に待っていてくれた。わざわざバスを停めてくれた神奈中バスの運転手さん、ついて行ってくれた近所のおばさん、そして文句を言わず待ってくれたバスの同乗者。ぷれジョブが地域の人たちの親切を引き出した。

ぷれジョブ藤沢の代表は私。事務局長は内海智子さん。ぷれジョブ藤沢は順調に活動を続けている。

私の役割は、毎月第二日曜日の十時半から開催の定例会での司会役。プレイヤーには「この一カ月どんなお仕事をやったのか、仕事はむずかしいか、楽しいか」などと質問し、ジョブサポーターには仕事ぶりなどを報告してもらう。親御さんも参加するので、毎回二、三十人が集まる。親御さんから「この子はぷれジョブが大好きなの」と聞くと、こちらもうれしくなる。笑いが絶えない楽しい定例会である。

ぷれジョブの活動はめんどうなことがなく気楽なので、とっつきやすい。お仕事体験は一週間に一時間だけ。むずかしい仕事はやらないし、やれない。お金はからまないし、役所も関わらないし、めんどうでない。それもあって、ぷれジョブ藤沢は順調に活動を継続している。ぷれジョブ藤沢は今の私にとっては唯一の障害福祉の活動である。障害を持った子どもたちがどんどん進歩していく様子を見る楽しみがある。活動というにはあまりにも楽なものであるが、七十歳を超えた老人には丁度いい。

2 「津久井やまゆり園」事件

重度障害者多数入所施設の異常性

そんなのんびり生活に、とんでもない事件が飛び込んできた。二〇一六年七月二十六日の未明、地元神奈川県の相模原市「津久井やまゆり園」での十九人殺害、二十七人重軽傷という殺傷事件である。日本の犯罪史上でも稀有なこの事件は、犯人植松聖の異常性と結びつけて論じられることが多いが、それだけではなく、やまゆり園という存在の異常性がもたらした事件と言ったほうが当たっている。短時間に四十六人の殺傷が可能だったのは、重度の障害者が複数の四人部屋でまとまって寝ている、しかも強い睡眠剤を服用しての熟睡というやまゆり園での生活様式があったからである。

植松はやまゆり園で臨時職員として勤務の経験がある。そこで見たのは、重度の障害があるために支援がなければ何もできない多くの障害者の姿である。社会復帰を果たして地域生活に移行する入所者などいなかった。大規模入所施設という外部から隔離された空間で、植松は連日重度の障害者の介助というきつい仕事をしながら、障害者との関わりを深めていた。そんな中で、植松の障害者観が形成されていったのではないか。重度の障害者は社会的に有用な仕事ができないだけでなく、職員の援助がなければ、日常生活すらまともにできない、社会的に劣った存在としての重度の障害者の生き方。彼が持っていた優生思想が、やまゆり園での経験を経て、より強固なものになったのではないだろうか。

やまゆり園再建構想

やまゆり園事件の直後、やまゆり園の防犯体制強化のために、塀を高くするとか、施設の施錠を厳重にするといった対応策が取られると聞いて、「それは違うだろう、おかしくないか」と思った。施設が要塞化し、地域からさらに隔絶した存在になってしまう。この事件の遠因とも言える施設の閉鎖性をさらに強めることにつながってしまう。やまゆり園の再建構想として、神奈川県は家族会の要望に応える形で、二〇一六年九月、これまでと同様の大規模施設としての現地建て替え方針を打ち出した。この方針に対しては、障害福祉関係者から強い反対の声があがり、現地建て替え方針を撤回した。

二〇一七年十月、神奈川県は「津久井やまゆり園再生基本構想」を発表した。その中で、入所施設の小規模化の方針を示している。小規模化とは、十一人を一つの居住単位とする居住棟を十二棟整備するということである。また、やまゆり園の利用者の地域生活移行を進める方向も打ち出している。その際に、利用者本人の意思に基づいて地域移行を進めることも強調している。

小規模とはいえ、施設は施設であり、管理的な運営は免れない。だから、小規模施設もダメだとまでは言わない。しかし、あくまでも、その小規模施設の入所者に地域生活移行の可能性は残しておいて欲しい。かつての入所者全員が地域生活移行を果たした時、やまゆり園は本当の意味で再生したと言えるのではないか。

やまゆり園事件は、全国にいまだに存在する大型の知的障害者入所施設にとって他人事と思えない出来事である。施設のありようについて、何らかの対応があってしかるべきである。防犯体制の強化を図るとか、地域との交流を広げるとかのその場しのぎではなく、その存在自体を根本的に見直すことが求められている。

本来は、もっと早く知的障害者入所施設の見直しがなされるべきだった。実際は、「知的障害者入所施設は将来的にもこのままの形で存続するのがいい」と考える施設運営者が多い。やまゆり園事件は、施設経営者に何ほどの影響も及ぼしていないのか。宮城県時代に「知的障害者施設解体宣言」を発した私としては、もどかしさで一杯である。

「優生保護法」

植松聖の犯行には優生思想の影響があった。彼が衆議院議長に送った手紙の中で「私の目標は重複障害者の方が家庭内での生活、及び社会的活動が極めて困難な場合、保護者の同意を得て安楽死できる世界です」、「障害者を殺すことは不幸を最大まで抑えることができます」と語っている。優生思想に感化された植松聖が障害者を殺傷するのは犯罪だが、優生保護法（一九四八年）により「優生学上不良な子孫の出生を防止」するために、精神薄弱者が本人の同意なしで強制的に優生手術（不妊手術のこと）を行うことができるとされていた。強制不妊手術は犯罪でないどころか、むしろ国家が奨励していた。なんということだろう。

強制不妊手術のことが大きく取り上げられたのは、二〇一八年一月のことである。強制不妊手術を受けた六十代の女性が国に謝罪と慰謝料を求めて仙台地裁に提訴した。この女性には知的障害がある。十五歳の時、病院で卵管を縛って妊娠できなくする手術を強いられた。その後、腹痛のため卵巣を摘出せざるを得なくなった。このことが大きく報道され、世の中の関心が高まった。一万六千人以上の男女が本人の同意なしで手術されたという。

こういった強制不妊手術は、優生保護法が母体保護法に改定された一九九六年まで続いた。障害者本人への人権侵害はもちろんだが、すべての知的障害者にとっても人権侵害だと言うべきものである。不妊手術は「優生学上不良な子孫の出生を防止」するためになされるのだから、知的障害者は「不良な子孫」と決めつけられている。まさに優生思想に則った措置である。精神薄弱者（当時の言い方）はこの世に生まれてきてはいけない存在ということに、国がお墨付きを与えたということになる。知的障害者は、本来は生まれてきてはいけないのだが、生まれてしまったのはしょうがない。地域の中にいられるよりは、地域から遠く離れた施設に追いやったほうがいいというのが、国の方針だったのではないかと疑う。施設入所が、長らく我が国の知的障害者施策の中で優位だったのは、こんなところに原因があるのかもしれない。

私が障害福祉課長を務めていた一九八七年から一九八九年には優生保護法があった。知的障害者の人権を守ろうと「人権懇」を開催していた時期である。それなのに、国によるこれほどひどい人権侵害を見過ごしていた。本来なら、障害福祉課長として優生保護法の廃止を訴えるべきであったのにと、反省しなければならない。

国として今やるべきことはある。まずは、強制不妊手術を受けた人に謝罪することである。金銭的補償はそのあとでいい。「当時は適法だった」と言うのは謝罪しない理由にはならない。優生保護法（の強制不妊手術の条項）の制定は間違いだったと認めたうえでの謝罪をすべきである。法の制定が間違いだったと認めることは、法制定の根拠であった優生思想が誤りであることを認めることである。そうすることによって初めて、優生思想に乗って十九人の重度知的障害者の命を奪った植松聖を断罪することができる。

　この事案がこれからどのような推移をたどるか、自分ごととしてしっかり見届けなければならないと思っている。

最後に ー「ジャパン×ナント　プロジェクト」

この本の執筆最中の二〇一八年五月、北岡賢剛さんから「2017ジャパン×ナント　プロジェクトの全貌」という分厚い報告書が送られてきた。

「ジャパン×ナント　プロジェクト」は、日本の障害者の優れた文化芸術活動の成果を、世界的な芸術創造都市であるフランス・ナント市から全世界に発信することを目的に実施された。主催者は、文化庁、フランス国立現代芸術センター、ナント国際会議センターそれに「障害者の文化芸術国際交流事業実行委員会」である。二〇一七年十月十九日（木）〜二十五日（水）、ナント市内の三会場で開催された。公演・フォーラム来場者延べ一万一千人、「ＫＯＭＯＲＥＢＩ」展来場者五万五千人、日本からの参加者四百三十人という大規模なものだった。

二〇〇八年、アール・ブリュット・コレクション（スイス）でのＪＡＰＯＮ展が開催された。以降、欧州を中心に日本のアール・ブリュット展は毎年各国で開催されてきた。

このような中で、今回のプロジェクトのナント市側の主催者であるシテ・デ・ゴングレ館長ポール・ビヨドーさんとリュー・ユニック館長パトリック・ギゲールさんは、日本が世界に発信すべき表現や実践がアール・ブリュット以外にもあることを知り、それらをナント市から発信したいと考えるに至った。その後、ビヨドーさんやギゲールさんをはじめとする関係者が日本を何度も訪れ、出演団体の視察、行政関係者との協議を積み重ねてきた。その過程で、日本・フランス両国の支援体制も確立された。こういったことが、プロジェクト大成功につながった。

プロジェクトで実施されたのは、日本のアール・ブリュットKOMOREBI展、瑞宝太鼓（長崎）による和太鼓、いわみ福祉会・芸能クラブ（島根）による石見神楽、湖南ダンスワークショップ（滋賀）によるダンス、じゆう劇場（鳥取）による演劇の舞台芸術公演、日仏の専門家・実践家による国際研究フォーラム、バリアフリー映画の上映、ワークショップの開催であった。いずれの会場も多くの人で溢れ、各公演ではナントの人たちから大きな拍手が送られた。

KOMOREBI展の来場者の感想。「KOMOREBIはその響きも概念も美しい。日本人の温かい気持ちまで届けてくれるようだ」（ナント在住・三十代女性）、「ナイーブで心に直接訴えかける。障害者の作品かもしれないと、今言われて初めて気がついた」（アンジェ在住・二十代女性）。

瑞宝太鼓の来場者の感想。「何度もブラボーと叫んだ。演者のハートまで伝わってきた」（ナント在住・車椅子で鑑賞の七十代男性）、「演者がバチを置く時にしゃがんだが、その姿勢までもが美しい。儀式的で細かな動作に精神性を感じる。それが日本文化で私の好きなところだ」（ナント在住・二十代男性）、「演者の生き生きとした表情が素晴らしい。自然とリズムで体が揺れた。空間の使い方や衣装まで視覚的に美しい」（ボルドー在住四十代女性）、「ダイナミックで刺激的。和太鼓奏者の熟練の技を感じた。練習を重ねて今があると思えた」（ナント近郊在住三十代女性）。

いわみ福祉会・芸能クラブの石見神楽来場者の感想。「日本とフランスは豊かな芸術の歴史があり、深くわかり合える同志だと思う。私が人形コレクターなので、この舞台では特に造形美に惹かれた」（ノルマンディー地方在住六十代男性）、「日本庭園との調和が見事だ。音と視覚の相乗効果で、妖しく美しい世界が構築されている」（ナント近郊在住二十代カップル）、「ドラマティックで生き生きしている。遊びの要素もあり楽しげ。マスクも精巧だ。完成度が高い。言語を超え伝わるものがある」（ナント在住六十代男性）

来場者の感想は、いずれも障害者が演じていることを意識していない。これだけでも、今回のプロジェクトが大成功ということがわかる。障害者による、障害者を意識させないパフォーマンス。「障害を克服して、ここまでやった、エライ、エライ」とは遠くかけ離れた反応である。日本で評価されたパフォーマンスが、ナントではもっと高く評価されている。異文化ということが加わるからだろうか。

北岡賢剛さんが、滋賀県の信楽青年寮の利用者が作った「飲み口のないコーヒーカップ」「底のない花瓶」が評価されたことに驚いたところから始まった日本のアール・ブリュット。それが他の障害者によるパフォーマンスと共に、フランスのナントで花開いた。「ジャパン×ナント　プロジェクト」の開催にこぎつけたのは、北岡さんの指導力、行動力によるところが大きい。すごいことである。素晴らしいことである。障害者の芸術が日本の芸術を変えると思っていたが、いやいやそれ以上のこと。障害者の芸術が世界を変える。報告書を読んで、そこまでインパクトのある出来事だったという感を深くする。

障害福祉に関わって三十三年、この間たくさんの人に出会い、たくさんのことを教えてもらった。障害を持った本人が最大限がんばっている姿から教えてもらうことが、一番大きかった。障害福祉の分野で一緒に闘い、共に考え、行動した。そんな活動を通じて、生きるとは何かについて深く考えることができた。人間の尊厳について、社会のありようについても障害福祉の観点から見ていくと、違ったものが見えてくる。

障害福祉に出会わなかったら、自分の人生、生き方も薄っぺらなものになっただろう。障害福祉と出会ってよかった、みんなと出会ってよかった。その分だけ、私の人生がより豊かになったことに乾杯！

あとがき

障害福祉と私についての回顧録のつもりで書き始めた本書であるが、書いているうちにそれではとどまらず、共感、義憤、感涙といった生の感情の表明にまでいってしまった。むしろ、生の感情が入らない回顧録では無味乾燥で面白くないだろうから、これでいいんだと考え直した。あったことを淡々と書き残すだけではつまらないものになると気がつき、途中まで書いたところで「序文」を書き足した。「知的障害者の人権」をキーワードにした回顧録にしたいと考えた。

回顧録だから当然のことだが、多くの方々に登場していただいた。北海道福祉課長時代、厚生省障害福祉課長時代の三年九カ月にお世話になった方々がほとんどである。私の最初の著書「豊かな福祉社会への助走」では、登場人物は（文中敬称略）で通したが、本書では、「敬称略」では書けない。「さん」又は「先生」と呼ばせてもらった。また、肩書は当時のものであるが、「当時」の注は入れなかった。亡くなられた方も数人登場しているが、あえて「故人です」とは表記しなかった。

本書に勝手に登場させられて、勝手なことを書かれ不本意だという方もいらっしゃるかもしれない。事実と違うことを書かれたということもあるでしょう。そこのところは、高齢故の記憶違いということでご容赦いただきたい。ご発言については、手元にある資料から引用させてもらったので、大きな間違いはないと思う。なお、北浦雅子さんに関する記述では、福田雅文さん（みさかえの園総合発達医療福祉センターむつみの家施設長）のご著書「重い障がい児に導かれて―重症児の母、北浦雅子の足跡」（中央法規出版）」を参考に書かせてもらった。

登場人物の一人でもある佐藤進さんには、巻頭言を書いていただいた。さらに、原稿段階で佐藤さんから貴重なご助言をいただき、また、誤字、誤表記のご指摘もしていただいた。ありがたいことです。佐藤さんには、拙著の出版記念パーティを毎回仕切っていただいている。私の本の出版に関してはお世話になりっぱなしである。

本書は私にとって十一冊目である。そのうちぶどう社から六冊出している。今回もぶどう社からの出版をお願いした。ぶどう社代表の市毛研一郎さんの勧めがなければ、本の出版など考えることもなかったのだが、今回は市毛さんの娘のさやかさんに持ちかけた押しかけ出版である。さやかさんは無理なお願いを飲み込んで、立派な本に仕立て上げてくださった。感謝の気持ちで一杯である。本書を天国からさやかさんを見守っている市毛研一郎さんに捧げたい。

二〇一八年七月　浅野史郎

著者

浅野 史郎（あさの しろう）

1948年2月8日生まれ。仙台市出身。東京大学法学部卒業後、厚生省（現厚生労働省）入省。児童家庭局障害福祉課長、社会局生活課長、生活衛生局企画課長などを歴任。

1993年11月、宮城県知事に当選。2005年11月まで、3期12年務める。

2006年4月、慶応大学総合政策学部教授。2009年5月、ATL（成人T細胞白血病）を発症し、大学を休職。その後、骨髄移植を受け、病気から回復し、2011年5月、慶応大学に復帰。

2013年3月、慶応大学を定年退職、2013年4月から神奈川大学特別招聘教授。

明日の障害福祉のために
優生思想を乗り越えて

著　者　浅野 史郎

初版印刷　2018年9月15日

発行所　ぶどう社

編集担当／市毛さやか
〒154-0011　東京都世田谷区上馬2-26-6-203
TEL 03（5779）3844　FAX 03（3414）3911
ホームページ　http://www.budousha.co.jp

印刷・製本／モリモト印刷　用紙／中庄

輝くいのちの伴走者

―障害福祉の先達との対話―

●浅野史郎 著

本体1500円+税

障害のある人を、閉じた世界から開かれた世界へ。「障害福祉は、あわれでかわいそうな障害者に、何かいいことをしてあげるものではない」。障害者の人権、幸せ、生きることを考え続けながら、障害福祉を切り開いていった先達と元厚生省障害福祉課長の浅野史郎との対話集。

条例のある街

―障害のある人もない人も暮らしやすい時代に―

●野澤和弘 著

本体1700円+税

「同時代に生きる人々が、それぞれの違いを認めあい、多様性を楽しむのが、これからの成熟した社会のあり方だと私は思う」。毎日新聞社会部記者として、障害者の人権を守る活動で大きな役割を果たしてきた著者が、渾身の力を込めておくる、日本で初めて障害者への差別をなくす条例をつくろうとした人々の感動の物語。

恋するようにボランティアを

―優しき挑戦者たち―

●大熊由紀子 著

本体1600円+税

ボランティアの「ボル」は、中から噴き出してきて、止めようとしても止められない思いを表わしているといわれています。優しき挑戦者たちとひらく、ボランティア新時代をおおくりします！